KB081109

마흔에 읽는

Nietzsche 니체

지금 이 순간을 살기 위한 철학 수업

마흔에 읽는 니체

ⓒ 장재형 2022

1판 1쇄 2022년 9월 1일
1판 71쇄 2024년 7월 17일

지은이 장재형
펴낸이 유경민 노종한
책임편집 이현정
기획편집 유노북스 이현정 조혜진 권혜지 정현석 **유노라이프** 권순범 구혜진 **유노책주** 김세민 이지윤
기획마케팅 1팀 우현권 이상운 **2팀** 이선영 김승혜 최예은
디자인 남다희 홍진기 허정수
기획관리 차은영
펴낸곳 유노콘텐츠그룹 주식회사
법인등록번호 110111-8138128
주소 서울시 마포구 월드컵로20길 5, 4층
전화 02-323-7763 **팩스** 02-323-7764 **이메일** info@uknowbooks.com

ISBN 979-11-92300-24-5 (03160)

마흔에 읽는 니체

Nietzsche

장재형 지음

지금 이 순간을
살기 위한 철학 수업

유노
북스

나는 어떻게
이 삶을 사랑할 것인가?

마흔, 너무 많은 짐을 지고 있음을 느낀다. 가족, 사랑, 직업, 인간관계…. 모두 우리 각자의 삶을 단단히 받쳐 주는 것들이지만 때때로 감당하기 버거울 만큼 무거운 짐으로 느껴진다. 지금까지 우리는 자신이 어떤 삶을 살게 될지도 모른 채 오로지 앞만 보고 달려왔다. 쉴 새 없이 달려온 지난 시간을 되돌아보니 정작 인생을 제대로 즐길 여유가 없었다는 사실을 알았다. 어쩌면 내 인생에서 가장 좋은 시절은 즐기지도 못한 채 지나쳐 버렸을지도 모른다. 지금의 나는 어릴 적 꿈꾸었던 삶과는 너무나 다른 곳으로 와 버렸다. 내가 정말 이루고 싶었던 꿈들은 이제 영영 멀어져 버린 것 같다. 지금 이 모습 이대로 남은 삶을 살아갈 수밖에 없다는 생각이 든다. 마흔에 깨닫게 된 것들이 결국 이것밖에 안 된단 말인가?

'나에게 남은 삶을 어떻게 살아야 하는가?'
'내가 가진 모든 것이 나를 행복하게 해 주는가?'
'나는 내 삶을 제대로 누려 본 적이 한 번이라도 있는가?'
'나는 과연 내 인생의 주인인가 아니면 노예인가?'

이러한 질문들이 마음에 와닿는다면 이제는 새로운 질문을 던질 때가 되었다. 이 세상에 변하지 않는 것은 하나도 없다. 변하지 않는 것이 단 하나 있다면 '우리는 언젠가 죽는다'는 사실이다. 그러므로 앞으로 하루를 더 살든 50년을 더 살든 중요한 것은 인생의 정답이 아닌 질문을 찾아가야 한다는 것이다.

프리드리히 니체는 '의심의 철학자'라고 불린다. 그는 사람들이 아무런 의심 없이 믿어 왔던 진리와 가치, 삶에 대해 의문을 던졌다. 그리고 진정한 삶이란 무엇인지 스스로에게 수없이 물어보았다. 삶이 무엇인지를 깨닫기 위해서는 자기 자신부터 알아야 한다. 또한 내가 어떤 존재인지를 깨닫기 위해서는 어떤 삶을 살았는지도 중요하지만 어떤 시선으로 삶을 바라보는지를 알아야 한다. 니체는 인생의 마지막 질문을 찾았다.

"나는 어떻게 이 삶을 사랑할 것인가?"

마흔, 왜 니체 철학인가?

많은 사람이 별다른 일 없이 사는 것 같아도 사업 실패, 실직, 결혼 생활에서의 권태, 이혼, 가족과 친구의 죽음, 인간관계에서 오는 스트레스 등으로 고통받는다. 또한 그야말로 순식간에 바뀌어 가는 사회의 변화와 갈수록 심해지는 물질 만능주의에 무한 경쟁으로 내몰리고 있다. 그럼에도 우리는 뒤처지지 않기 위해 달려왔다. 하지만 자신이 원하는 것이 아니라 다른 사람이 좋다고 평가하는 것을 좇느라 결국 진정한 자기는 실종된 삶을 살아왔다. 그랬더니 이제는 매일같이 우울, 두려움, 분노, 증오, 질투, 원한 같은 기분 나쁜 감정들에 휩싸인 병든 인간이 되었다. 《차라투스트라는 이렇게 말했다》에 등장하는 '줄 타는 광대'처럼 우리는 아슬아슬하게 하루하루를 악전고투하며 산다. 앞으로도 이렇게 지루한 삶이 계속될 것 같다는 생각이 들면 맥이 빠진다.

이렇듯 삶의 한가운데에 나만 홀로 덩그러니 남겨진 기분이 든다면 이제 삶의 의미를 찾은 철학자 '니체'를 만날 시간이다. 과연 니체 철학의 어디에서 의미를 찾을 수 있을까?

첫 번째, 니체의 작품은 인생에 힘이 되는 주옥같은 아포리즘으로 구성되어 있다. 고통으로 가득한 현실을 넉넉히 이겨 낼 수 있는 뚝심 좋은 니체의 잠언들은 큰 위로가 될 것이다.

두 번째, 니체 철학은 '삶을 무엇으로 채울 것인가'에 대한 해답이 들어 있다. 마흔에 니체의 작품을 읽는다면, 어떻게 공허한 마음을 다잡고 즐거운 인생을 살 수 있는지 그 해답을 찾을 것이다. 살아가는 동안 숱한 고민 속에서 우리는 해답이 있다고 믿고 그 해답을 찾아 헤매느라 고통스러워한다. 만약 몇 개의 해답을 찾았다고 해도, 인생살이는 여전히 녹록지 않다. 여기에 니체가 이런 답을 내놓았다.

"인생에 정답은 없다."

니체 철학은 허무주의, 즉 무의미한 삶에서 벗어나는 데에서 시작했다. 니체는 생각 자체를 바꾸라고 말한다. 지금까지 무언가에 의지하며 살았던 태도에서 벗어나 오직 자기 자신만을 의지하라고 말한다. '내가 진정으로 나답게 사는 것'이 니체가 제시한 '초인'으로서의 삶이다.

세 번째, 니체는 단 한 번뿐인 이 삶을 사랑하는 방법을 알려준다. 이전에도 많은 사람이 "삶은 고통 그 자체"라고들 말했지만, 지금은 유난히 더 그렇게 생각하는 듯하다. 마흔이면 삶이 익숙해질 때도 되었는데 낯설 때가 많다. 이런저런 문제가 우리의 삶을 옭아매고 있어서 견뎌 내기가 더욱 힘들다. 하지만 니체는 그럼에도 불구하고 이 삶을 사랑하라고 말한다. 이것이 "네 운명을 사랑하라"는 니체의 '운명애'이다. 니체는 '그럼에도 불구하고'라는 말을 좋아하였다. 그럼에도 불구하고는 '비록 사실은 그러하지만 그것과는 상관없이'라는 뜻이다. 니체는 우리의 인생이 고달픈 것은 사실이지만 그와 상관없이 이 삶을 사랑하라고 했다. 곧 행복은 세상을 어떻게 바라보는가에 달려 있다. 행복이나 불행은 자신이 처한 상황을 어떻게 받아들이며, 현재 가진 것에 얼마나 만족하며 감사하는가에 달려 있다.

"당신은 단 한 번뿐인 이 삶을 사랑하는가?"

이 물음에 당신은 조금도 망설임 없이 '그렇다'고 대답할 수 있는가? 만약 '그렇지 않다'고 대답한다면 삶에 대한 열정이 식어서 그런 것이다. 열정은 삶을 이끌어 가는 강렬한 의지의 표현이다.

우리는 인생의 중반 이후의 삶으로 향하는 과도기를 지나고 있다. 40대는 삶을 극복하느냐 아니면 그냥 주저앉느냐의 갈림길에 서 있을 때다. 이 중요한 시기의 우리에게는 현재 젊은 시절에 꿈꾸었던 삶은 온데간데없이 공허함만 남아 있다. 인생의 중반에서 후반으로 넘어가는 경계에 머뭇거리며 권태에 빠져 하루하루를 보낸다. 하지만 이때 주어진 현실에 안주한다면 정신의 성장은 멈추어 버리고 말 것이다.

누구나 영원한 삶을 꿈꾼다. 그런데 과거에 놓쳐 버린 것들을 떠올리며 후회 속에 살아가기 바쁘다. 그러다 결국 남은 삶도 제대로 즐기지 못하고 생을 마감할지도 모른다. 니체는 유고에

시 이렇게 말한다.

"모든 삶의 순간은 우리에게 무엇인가를 말하려 한다. 그러나 우리는 들으려 하지 않는다."

마흔, 니체의 말에 귀 기울일 필요가 있다. 우리보다 더 힘든 삶을 미리 살아 본 니체가 당신이 절망, 좌절, 외로움, 방황, 실패와 마주할 때 이를 극복할 해결책을 말해 줄 수 있다. 그는 이 삶을 어떻게 살아갈 것인지에 대해 고민하고 그것을 철학적 사유로 남겨 두었기 때문이다. 허무감과 무기력이 급습해 오는 나이에, 니체는 자신이 제시하는 철학적 무기로 방어해 보라고 한다.

니체 철학은 우리 삶과 매우 가깝다. 나는 니체 철학에서 우리 삶에 특별히 중요한 25가지의 키워드를 선정한 후 방대한 《니체 전집》을 해체하고 필요한 부분을 정리하여 각각의 키워드와 연결하는 작업을 해 왔다. 따라서 이 책 한 권만 읽는다면 니체 철학을 이해하는 데 큰 도움이 되는 것은 물론 건강한 삶을 위한 자극이 될 것이다. 이 책에는 인간의 몸과 마음의 건강 문제를 다룬 최고의 의사이자 심리학자인 니체의 말이 고스란히 들어 있다. 지금부터 단 한 번뿐인 이 삶을 사랑한 철학자 니체의 인생 수업에 참여해 보자.

○ **차례**

2장 왜 자기 자신을 찾아야 하는가 니체의 운명 관리론

3장   어떻게 인생을 여행할 것인가 니체의 자극제

4장   어떻게 이 삶을 사랑할 것인가 니체의 마지막 질문

1장

마흔, 무엇으로
살아야 하는가

니체의 인생 설명서

01

위험하게
살아라

· 신의 죽음 ·

"모든 신은 죽었다. 이제 우리는 초인이 등장하기를 바란다."
이것이 언젠가 찾아올 위대한 정오에 우리의 마지막 의지가 되
기를!

《차라투스트라는 이렇게 말했다》

고대 그리스 철학자 헤라클레이토스는 "우리는 같은 강물에
발을 두 번 담글 수 없다"라는 유명한 말을 남겼다. 왜냐하면 강
물에 발을 담근 사람에게 다른 강물이, 또 다른 강물이 계속해
서 흐르기 때문이다. 헤라클레이토스는 만물은 하나의 원리에
따라 생성과 소멸을 한다고 보았다. 세계는 끊임없이 변하며 논
리적으로 설명할 수 없는 사건들로 가득하다. 그러므로 우리의

삶도 본질적으로 끊임없이 변화해야 한다.

지금 우리는 소용돌이처럼 격변하는 시대에서 살고 있다. 계속해서 새로운 물결을 만들어 내는 세상의 변화 속도를 감당하고 적응하는 일은 힘들다. 하지만 세상의 흐름에 따라 변하기를 멈춘 삶은 죽은 상태나 다름이 없다. 그렇게 40여 년을 살아왔을 때 변화로부터 갑자기 위기를 느낀다면 삶은 허무와 낙망에 빠질 것이다. 우리는 변화하는 세계에 어떻게 대처해야 하는가?

우리는 저 세계가 아니라 이 세계에 있다

"신은 죽었다."

니체의 가장 유명한 아포리즘이다. 니체의 후기 사상에서 핵심 주제인 '신의 죽음'은 《즐거운 학문》에서 처음으로 등장한다. 이 책은 총 383개의 아포리즘 형식으로 이루어져 있다. 니체는 《즐거운 학문》 잠언 125 〈광인〉에서 신의 죽음을 알리는 등불 든 광인에 대해 이야기한다.

밝은 대낮인데 환한 등불을 든 어떤 광인이 광장에서 신을 찾는다고 사람들에게 소리쳤다. 신을 믿지 않는 사람들은 신을 찾는 그 광인을 비웃었다. 광인은 그들 한 사람 한 사람을 노려보며 '우리가 신을 죽었다'고 말한다. 광인은 다시 한 번 "신은 죽었다! 신은 죽어 버렸다! 우리가 신을 죽인 것이다!"라고 말한다. 우리 모두가 신의 살해자라는 것이다.

'니체는 왜 광장의 사람들 앞에 광인을 등장시켜 우리가 신을 죽였다고 말한 것일까?'

'삶과 죽음을 초월한 영원불멸의 존재인 신을 인간이 어떻게 죽일 수 있다는 말인가?'

'니체가 죽었다고 말한 신은 도대체 무엇을 의미하는가?'

인간은 고통스러운 현실과 불안한 미래를 견디기 위해 신이라는 개념을 만들었다. 지난 2,000년 동안 유럽인의 삶에 신은 절대적 의미였다. 니체가 살던 19세기 유럽에도 기독교 사상이 모든 이념과 가치의 기준일 만큼 지배적이었다. 인간은 스스로 만든 신이라는 절대적 가치에 따라 삶을 평가했다. 그런데 삶의 의미이자 목적이었던 신이 더는 제 기능을 발휘하지 못하게 되었다.

니체는 기독교의 신이 오히려 인간을 병들게 만들었다고 생각했다. 왜냐하면 기독교에서 인간은 죄를 지은 병든 존재이기 때문이다. 무의미하고 두려운 삶을 극복하기 위해 만든 신이 결과적으로 인간을 더 나약한 존재로 만들었기 때문에 더는 필요 없게 된 것이다. 이것이 니체가 자신을 광인에 비유하면서 우리가 신을 죽였다고 말한 이유이다.

니체의 "신은 죽었다"라는 선언으로 오랫동안 인간의 삶을 지배했던 신과의 결별은 그 당시 사람들에게 엄청난 충격이었다. 여기에서 '신'은 기독교의 신을 의미하지만, 니체는 단순히 기독교의 신이 죽었다는 것만을 의도하지 않았다. 그는 유럽 사람들의 전통적 토대였던 모든 철학, 종교, 도덕의 이념과 가치에 대해 죽음을 선언했다.

철학자 화이트 헤드는 "서양 철학은 플라톤 철학의 각주에 지나지 않는다"라고 말했다. 그의 말처럼 서양 철학은 고대 그리스 철학자 플라톤에게 많은 빚을 지고 있다. 왜냐하면 플라톤의 형이상학적 이분법은 근대 철학에 이르기까지 그 명맥을 유지했기 때문이다. 플라톤은 세계를 '이데아의 세계'와 '현실 세계'로 나누었다. 이데아의 세계는 영원히 변하지 않는 존재의 세계로 참된 세계이다. 반면에 현실 세계는 생성, 변화, 소멸을 하는 세계로 시시때때로 변하는 가상 세계이다.

플라톤 철학의 영향을 받은 기독교 역시 현재 우리가 살아가는 '이 세계'와 죽어서 영원한 구원을 통해 가야 할 천국이라는 '저 세계'로 나누었다. 기독교는 이 세계를 죄와 고통으로 가득한 세계, 즉 참된 세계가 아니기 때문에 암묵적으로 폄하한다. 결과적으로 니체의 "신은 죽었다"라는 말에는 참된 세계이자 신의 세계였던 '저 세계'를 사라지게 하려는 의도가 담겨 있다. 이제 남은 것은 이 세계이다.

익숙함과 결별하고 내가 원하는 나로 살아라

오늘날 우리는 신이 죽었다는 사실이 그리 충격적이지 않다. 우리에게 중요한 것은 돈 같은 물질적 가치이기 때문이다. 신의 자리를 물질 만능주의가 차지하고 있다. 그렇다면 '신의 죽음'은 40여 년을 살아온 우리에게 어떤 의미가 있겠는가?

익숙한 것과 결별하라

대부분 20대와 30대에는 대학을 졸업하느라, 좋은 직장을 구하기 위해 스펙을 쌓느라, 사랑 타령을 하느라, 인간관계를 유지하느라 불안정한 삶을 산다. 마흔이 넘어야 심리적으로, 경제적으로 어느 정도 안정적인 삶을 유지한다. 그런데 안정적인 삶을 추구할수록 새로운 삶이라는 기회를 쉽게 단념하게 된다. 새로운 도전을 하기에는 두려움도 많아졌고 용기도 부족하다.

'당신은 원하던 최고의 삶을 살고 있는가?'

'인생의 중반기에 다시 한 번 치열하게 살 자신이 있는가?'

'마음속에 아직 이루지 못한 꿈이 남아 있는가?'

'예전에 좌절된 꿈이 아직도 자신을 옭아매고 있지는 않은가?'

'다시 한 번 가슴 뛰는 삶, 남들과는 다른 삶을 살고 싶은가?'

이러한 질문에 니체의 대답은 한결같다.

"사람은 언제나 자기 자신을 극복해야 하는 그 무엇이다."

이제 익숙한 것들과 결별하는 연습을 해야 한다. 익숙한 것들이란 자신이 과거부터 지금까지 믿어 온 것들이다. 삶의 토대였던 것들을 쉽게 버리기는 힘들다. 니체가 신의 죽음을 선언했듯이 과거의 것들과 결별하기 위해서는 어떠한 계기가 있어야 한다. 계기는 어떤 일이 일어나거나 변화하도록 만드는 결정적인 원인이나 기회를 의미한다. 계기는 다른 말로 터닝 포인트, 즉 전환점이다. 누구에게나 인생의 전환점이 있다. 어떤 상황이 다른 방향으로 바뀌는 그 지점에 서는 날이 누구에게나 예정되어 있다. 터닝 포인트는 우리의 생각과 달리 대단한 사건이 아니라 아주 사소한 일로 인해 발생한다. 또한 터닝 포인트는 누군가가 나 대신 정해 주는 것이 아니라 자기 스스로 만드는 것이다.

내가 원하는 나로 살아라

니체는 《차라투스트라는 이렇게 말했다》에서 우리에게 반쯤 쓰인 새로운 서판을 완성할 의무를 부과한다. 차라투스트라는 두 개의 서판을 주변에 둔 채 자신의 때를 기다린다. 하나는 낡고 부서진 서판이고, 다른 하나는 새롭게 반쯤 쓰인 서판이다. 전자에는 "신은 죽었다"라고 적혀 있고, 후자에는 "삶을 극복하고 초인이 되어라"라고 적혀 있다. 우리가 과거와 결별하고 '내가 원하는 나'로 살기 위해서는 낡은 서판을 파괴하고 새로운 서판을 완성해야 한다. 그렇다면 우리는 반쯤 쓰인 새로운 서판을 무엇으로 채워야 할까?

차라투스트라는 서판을 새로운 것으로 채우기 위해서 먼저 '창조하는 자'가 되라고 말한다. 결국 내가 원하는 나로 산다는 것은 창조자로서의 삶을 산다는 것이다. 우리는 어떻게 해야 창조자가 될 수 있을까? 기존의 가치 목록을 파괴하고 새로운 가치 목록을 작성해야만 한다. 익숙한 것을 버리고 새로운 것을 경험할 때 비로소 자신이 진정으로 원하는 바가 무엇인지 깨닫게 된다. 낯선 세계로 나아갈 때 내가 누구인지, 내가 진정으로 무엇을 원하는지 내면의 목소리에 집중할 수 있다. 그래서 차라투스트라는 이렇게 말한다.

"나를 버리고 그대들 자신을 찾도록 하라. 그리하여 그대들 모두가 나를 부정하게 된다면 그때 내가 다시 그대들에게 돌아오리라."

오랫동안 나를 지탱해 왔던 것들이 흔들릴 때 진정한 나로 살아가겠다고 선언해야 한다. 마흔이라면, 또는 마흔을 앞두었거나 되돌아보고 있다면 남은 인생은 자신이 진정으로 원하는 것들을 마음껏 누리고 싶을 것이다. 하지만 시간이 없다는 것을 핑계로, 현실적인 조건과 상황 때문에 행동으로 옮기지 못한 적이 얼마나 많았던가? 그렇게 사람들 대부분은 익숙한 삶에서 벗어나는 것을 어려워한다. 또한 내면의 목소리에 귀 기울여 볼 때면 한편으로 현실에 안주하고 싶다는 저항감이 들기도 한다.

이를 극복하기 위해서는 용기가 필요하다. 니체는 "위험하게 살아라! 도시를 화산 위에 세우고, 미지의 바다로 항해를 떠나는 위험한 삶을 선택하라"라고 말한다. 용기는 두려움에도 불구하고 직면하고 행동할 수 있는 마음이다. 삶을 힘들게 하는 것들을 쉽게 외면하지 마라. 그럴 때일수록 새로운 일을 시도하라. 판에 박힌 낡은 삶을 새로운 것으로 채워 보라. 진정으로 변화하고 싶다면 지금까지 나의 전부라고 생각했던 것들을 내려놓아야 한다. 때로는 목숨보다 더 사랑했고 나의 모든 것을 걸었다고 맹세했던 것까지도 포기할 줄 알아야 한다.

ℓ

과거에 포기했던 꿈과 열망들이 사라지는 것은 아니다.
지난날 꿈꾸었던 야망이
다시 꿈틀대거나 다른 야망으로 표출될 수 있다.

02

오히려 우리는
권태가 필요하다

· 니힐리즘 ·

니힐리즘이란 무엇을 의미하는가? 지고의 여러 가치가 그 가치를 박탈한다는 것. 목표가 결여되어 있다. '무엇 때문에?'에 대한 대답이 결여되어 있다.

《권력에의 의지》

20세기 프랑스 실존주의 문학의 대표 작가 알베르 카뮈는 그의 철학 에세이 《시지프 신화》에서 "인생이 살 가치가 있느냐 없느냐를 판단하는 것이야말로 철학의 근본 문제에 답하는 것이다"라고 말했다.

'삶이란 무엇인가?'

카뮈의 말처럼 철학에서 가장 중요한 '이 삶의 의미에 대한 질문'을 서양 철학에서는 19세기 이전까지 특별하게 논의하지 않았다. 왜냐하면 서양은 역사적으로 오랫동안 그리스도교 사상의 지배 아래에 있었기 때문이다. 중세 1,000년 동안 철학은 신의 존재를 입증하는 수단에 불과했다. "철학은 신학의 시녀다"라는 유명한 말도 이와 같은 맥락으로 볼 수 있다. 그리스도교에서는 고통과 시련을 받는 이 세계의 삶은 단지 신의 시험이고, 그러한 모든 고난은 사후에 천국에서 보상받을 것이라고 말한다. 고통과 모순으로 가득한 이 세계는 단지 저 세계인 천국을 가기 위한 수단에 불과하다는 것이다.

왜 삶이 별 가치가 없다고 느끼는가

현대인의 모습을 한 단어로 표현한다면 '바쁘다'이다. 우리는 매일매일 아침에 정신없이 일어나 바쁜 하루를 보낸다. 왜 사람들은 조급해하는가? 그래서 삶의 진정한 의미를 생각해 볼 여유조차 없다. 우리는 '내일, 나중에, 내가 자리 잡으면, 10년 후 안정적인 상황이 오면'이라는 식으로 현재에 충실하기보다 미래를 기약하며 산다. 어쩌면 우리는 그리스 로마 신화에 등장하는 시시포스와 같은 가혹한 형벌을 받아서인지도 모르겠다. 시시포스가 바위를 힘겹게 정상까지 밀어 올리면 그 바위는 무게 때문에 다시 아래로 굴러떨어진다. 그렇게 시시포스는 똑같은 일을 무한히 반복해야만 한다. 우리도 자신에게 이렇게 물어볼 수 있다. "내 삶의 의미는 무엇인가?"

이러한 질문이 무의미하다고 생각한다면 허무주의에 빠졌다고 볼 수 있다. '니힐리즘'은 삶은 무의미하다는 허무주의를 이르는 말이다. 니체는 《권력에의 의지》에서 자신이 철학에서 말하고자 하는 바는 "다음 2세기의 역사, 니힐리즘, 즉 허무주의의 도래"라고 한다. 앞서 신의 죽음을 통해 니체가 말하고자 한 것이 바로 허무주의의 도래이다. 니체는 허무주의를 가리켜 "모든 방문객 가운데 가장 기분 나쁜 이 존재"라고 말한다. 그는 니힐리즘이란 "지고의 여러 가치가 그 가치를 박탈한다는 것, 즉 목표가 결여되어 있는 것"이라고 말한다. 다시 말해 '무엇 때문에'에 대한 대답이 빠져 있는 상태이다.

신의 죽음으로 인간은 자신을 구속했던 신의 굴레에서 벗어나게 되었다. 하지만 그와 동시에 인간은 자기 자신과 삶의 의미를 든든하게 지탱해 주었던 토대가 사라지자 무엇 때문에 살아가는지 그 의미를 잃어버리고 방황하게 되었다.

삶에서 가장 중요한 것은 무엇일까? 삶의 목표일 것이다. 목적 없이 사는 사람은 자신을 무기력한 삶으로 빠뜨린다. 그런데 많은 사람이 뚜렷한 삶의 목표가 없는 상태로 살아간다. 그러다 보니 일시적 쾌락을 추구하며 그런 감정의 노예로 전락한다. 또한 현실을 외면하고 눈앞의 이익만 쫓으며 남은 삶을 보낸다. '이것이 내가 정말 원하는 삶일까?' 같은 질문에는 온갖 변명을 늘어놓기에 바쁘다. 만약 자신을 이끌어 줄 삶의 나침반이 없다면 진정 가치 있는 삶을 살아 보지도 못한 채 죽음을 맞이할 것이다.

누구나 지금껏 살아오면서 다양한 목표를 세웠을 것이다. 하지만 진정으로 원하는 목표를 달성하지 못하여 그 꿈을 포기해야 했다. 또한 자신이 만든 목표나 꿈이 자주 바뀌거나 흔들리는 경험을 했다. 자신의 진정한 목표를 다시 이룰 시간은 없었고, 남들이 하던 대로 따라가기에 바빴다. 이렇게 삶의 목표가 흔들리고 사라질 때 니힐리즘의 상태에 빠지게 된다. 내가 무엇 때문에 지금 이 일을 하고 있는지 의미를 도무지 찾을 수 없다. 그렇다면 과연 판에 박힌 낡은 일상을 어떻게 벗어던져야 할까?

먼저 스스로 허무주의에 빠졌다는 사실을 의식해야 한다. 어느 날 문득 무기력한 자신을 발견했다면 '왜' 하는 의문을 제기하며 스스로 의식해야 한다. 반복되는 삶이 주는 허무주의는 결국 의식의 변화를 일으킨다. 매너리즘에 빠져 매일매일 권태로운 삶을 살아가는 자기 자신에게서 벗어나야겠다는 결단을 내려야 한다.

얼어붙은 삶의 의지를 녹이는 감정

인간에게는 필연적으로 삶과 죽음에 대한 두려움과 고통이 뒤따른다. 노화로 인한 병과 죽음을 준비해야 한다. 그러한 삶은 대개 삶을 바라보는 우리의 태도에 달려 있다. 그런데 불행하게도 우리는 삶의 의미를 찾고 삶에 대한 태도를 향상하려는 노력을 하지 않는다. 가정에서도 학교에서도 직장에서도 이에 대해 배운 적이 없다. 대신 대입, 취업, 결혼, 출산, 육아 등 인생에 주어진 과업을 수행하느라 최선을 다한다. 자신이 세운 목표를 이루기 위해서도 최선을 다했지만 유혹에 넘어가기도 하고 좌절도 했다. 여러 시련을 만나 점점 자신감을 잃고 결국 포기한 적도 많다. 그래서 마흔이 넘어 자신의 지난날을 돌아보면 열심히 살았지만 왜 이리도 무의미한지 깨닫게 된다. 우리는 삶의 주인이 아닌 노예의 삶을 살았을 가능성이 크다.

이제부터는 어떻게 해야 인생 후반으로 향하는 문턱을 잘 넘어갈 수 있을까? 인생의 전환점에서 더 이상 앞으로 나아가지 못할 때 갑자기 들이닥치는 감정이 권태이다. 사람은 항상 새로운 욕망이 충족되기를 바란다. 그 욕망이 충족되어 가라앉으면 다시 공허감과 권태에 빠진다. 권태에서 벗어나기 위해서는 또 다른 강한 욕망이 존재해야만 한다.

권태기는 위기가 아니라 전환기이다.
자기 삶의 진정한 목표를 향해 나아갈 동력을 얻는 때이다.

하지만 니체는 욕망이 가라앉아 끝도 목적도 싫증도 욕구도 없는, 마치 호수의 물결 같은 휴식 시간이 찾아온다면 이러한 짧은 즐거움 뒤에 찾아온 권태는 얼어붙은 삶의 의지를 녹일 봄바람이라고 말한다. 권태는 부정적인 감정이 아니다. 니체는 오히려 일의 성공을 위해 권태가 필요하다고 말한다. 그는 인생의 전환점에서 만난 권태로움을 단지 앞으로의 순조롭고 즐거운 항해에 앞선 유쾌하지 못한 '영혼의 무풍 상태'에 비유한다. 따라서 사상가와 창조자는 이 권태로운 상태를 견디면서 기다려야만 한다.

인생의 중반부터는 고통스러운 삶을 거부할 것이 아니라 받아들이는 태도를 길러야 한다. 또한 새로운 삶의 목표를 설정해야 한다. 무엇인가를 회피하기보다는 그 무엇을 향해 나아가는 태도를 지녀야 한다. 그렇게 할 때 남은 삶에서 우리는 더욱 열린 마음으로 기쁨들을 받아들일 수 있게 된다.

ℓ

반복되는 삶이 주는 허무주의는 결국 의식의 변화를 일으킨다.
이 순간이 질문할 때이다.
'내 인생의 의미는 무엇인가?'

03

사람은 극복되어야 할 그 무엇이다

· 초인 ·

그대들에게 초인을 가르치려 하노라. 인간은 극복되어야 할 그 무엇이다. 그대들은 자신을 극복하기 위해 무엇을 했는가?

《차라투스트라는 이렇게 말했다》

A 세대는 여유로운 인생 2막을 시작하는 45세부터 64세 사이의 중장년층을 일컫는다. A 세대의 특징을 가리키는 단어로 'Ageless늙지 않는', 'Accomplished성취한', 'Alive생동감 있는', 'Attractive in my own way나의 방식대로 매력 있게', 'Admired존경을 받는', 'Advanced진보한' 등이 있다. 이러한 영어 단어의 앞 글자를 따서 A 세대라고 부른다.

A 세대가 주목받기 시작한 이유는 이들이 경제적, 시간적으

로 여유로워서 자신에 대한 투자의 스케일이 큰 소비층이기 때문이다. 또한 A 세대는 사회생활을 시작했을 때 등장한 스마트폰을 처음부터 사용하였기 때문에 SNS와 유튜브, 온라인 커머스 같은 디지털 환경에도 상당히 익숙하다. 놀 줄도 알고 돈을 쓸 줄도 아는 세대인 것이다.

지금 당신의 모습은 어떠한가? A 세대라는 지칭이 무색하게 벌써 변화에 적응력이 떨어져 점점 설 자리가 좁아지고 있는 것은 아닌가? 머리카락이 희끗희끗해지고 눈가와 이마에 주름살이 늘어 거울에 비친 자신의 모습에 놀라기도 한다. 이제 젊지도 않고 그렇다고 늙었다고 할 수도 없는 어중간한 나이에 점점 자신감을 상실하기가 쉽다.

인간 너머의 인간이 되어라

니체도 중년의 나이에 불현듯 언제라도 죽음이 찾아올 수 있다는 두려움을 안고 방랑자의 삶을 살았다. 《차라투스트라는 이렇게 말했다》를 쓰기 전 니체의 상황은 그의 자서전 《이 사람을 보라》에서 밝힌 대로 삶의 최저점에서 헤매고 있었다. 니체는 그다음 해 겨울에 제노바에서 멀지 않은 라팔로에 자리한 매

력적이고도 조용한 만에서 보냈다. 하지만 건강 상태가 좋시 않았다. 그는 오전에는 소나무 숲을 지나 멀리 바다를 바라보면서 아름다운 남쪽 길을 오르곤 했다. 오후에는 건강 상태가 좋을 땐 산타 마게리타에서부터 포르토피노의 뒤까지 이르는 만 전체를 돌아다녔다. 니체는 이 두 산책길에서 《차라투스트라는 이렇게 말했다》의 1부 전체 내용이 떠올랐다고 말한다. 니체에게 그해 겨울은 무척 추웠다. 게다가 머물고 있던 작은 호텔 방은 도저히 잠을 잘 수가 없을 정도로 파도 소리가 크게 들렸다. 모든 것이 그가 바라던 상태와는 정반대였다. 그의 《차라투스트라》는 그 겨울의 악조건에서 탄생했다.

니체는 《이 사람을 보라》에서 자신의 작품 중 《차라투스트라는 이렇게 말했다》는 독보적이라고 말한다. 이 책은 인류에게 가장 큰 선물이며 존재하는 책 중 최고일 뿐만 아니라 높은 공기를 지닌 책이라고 말한다. 하지만 《차라투스트라는 이렇게 말했다》는 아마도 서양 고전 중에서 가장 난해한 책일 것이다. 그 이유는 메타포, 즉 비유와 상징, 패러디로 가득 차 있기 때문이다. 니체는 이 책의 부제를 "모두를 위한 그리고 아무도 위하지 않는 책"이라고 붙였다.

차라투스트라는 니체 자신을 대변해서 니체의 사상을 전파하는 인물이다. 이 작품은 니체의 대표작으로 '초인', '힘에의 의지', 그리고 '영원 회귀'라는 세 가지 핵심 사상을 가르친다. 초인은 《차라투스트라는 이렇게 말했다》에서 처음 등장하는 말로, 초인 사상은 산에서 10년간 고독하게 생활한 차라투스트라가 세상으로 내려와 설파한 철학적 사유이다. 앞서 살폈듯이 신의 죽음이라는 사건으로 2,000년 동안 유럽을 지배해 온 이원론적 플라톤주의와 그리스도교의 세계관은 그 가치가 전도되었다. '모든 가치의 전도로 니힐리즘에 빠진 인간은 과연 어떻게 살아가야 할 것인가'에 대한 해답으로 니체는 《차라투스트라는 이렇게 말했다》에서 초인이라는 새로운 인간 유형을 제시한 것이다.

인간이 허무주의를 극복하는 과정은 초인이라는 새로운 삶의 목표를 긍정하는 데서 시작된다고 할 수 있다. 니힐리즘, 즉 허무주의를 극복하는 주체로서의 초인이다. 차라투스트라는 숲에서 가장 가까운 도시에 도착해 시장에 모여 있는 군중을 향해 "그대들에게 초인을 가르치려 하노라. 인간은 극복되어야 할 그 무엇이다"라고 말한다.

니체가 말한 '초인超人'은 '힘에의 의지'에 의해 자신을 극복하고 초월하는 인간 유형을 의미한다. 초인은 독일어로는 '위버멘쉬 Übermensh'인데, '위' 또는 '너머'를 뜻하는 전치사 'über'와 사람을 뜻하는 'mensh'의 합성어이다. 즉 인간 위의, 인간을 넘어선 인간이라는 뜻이다. 영어로는 'overman' 또는 'superman'으로 번역된다. 하지만 니체가 말하는 초인은 우리가 영화에서 본 초

능력을 가진 슈퍼맨은 아니다.

그렇다면 왜 우리는 초인이 되어야만 하는가? 왜 니체는 인간 너머의 인간이 되라고 말한 것인가? 그 이유는 이제 우리에게 '이 세계'밖에 남지 않았기 때문이다. 니체는 플라톤적 이원론을 부정하고 우리가 살고 있는 이 세계만을 유일하게 인정하는 일원론을 취했다. 영원한 존재였던 신도 죽었고, 영원불변한 이데아의 세계였던 천국도 사라졌다. 그렇다면 우리에게 남은 것은 이 세계, 이 대지뿐이다. 이제 인간에게는 더 이상 의지할 이데아 같은 세계가 없다. 차라투스트라는 말한다.

"초인이 이 대지의 뜻이 되어야 하며, 대지에 충실하고, 하늘나라에 대한 희망을 말하는 자들을 믿지 마라!"

인간은 스스로 신이 되어 빈자리에 올라가 앉아야만 한다.

완전히 나다운 모습으로 사는 법

니체 철학은 우리의 나약한 부분을 지적하면서 삶을 개선할 수 있는 강력한 정신적 무기를 제공한다. 그의 생각은 삶에서 무엇이 가장 중요한지, 가치 있는 목표를 어떻게 달성할 수 있을지, 현재의 고통과 역경을 어떻게 감수하고 극복할지에 대해

도움이 될 것이다. 그리고 이에 대한 강력한 무기는 바로 인간 스스로 초인이라는 새로운 인간 유형이 되는 것이다.

우리는 지금까지 세상의 시선과 타인의 기대에 얽매여 살아왔다. 마흔에 바라본 나의 모습은 정말로 내가 원했던 모습이 아니다. 타인의 기대에 부응하기 위해 원하지도 않는 길을 걸어왔다. 자신의 꿈보다는 돈과 명예를 좇으며 살아왔다. 그렇게 살다 보면 인생의 중반에 이르러서는 안정이 찾아올 줄 알았다. 하지만 마흔 이후의 삶은 오히려 가족에 대한 책임감, 사회가 주는 압박감으로 인해 어깨가 더 무거워졌다. 지금도 여전히 자신의 길은 잃어버린 채 나다운 삶을 살지 못하는 자신을 한심한 눈으로 바라보고만 있다.

《차라투스트라는 이렇게 말했다》의 주제는 '인간은 자기 자신을 극복해야 한다'는 것이다. 자신을 극복한다는 것은 진정으로 나답게 사는 것이다. 나답게 산다는 것이 바로 니체가 말하고 싶었던 초인의 삶일 것이다. 그렇다면 인생의 전환점에서 어떻게 해야 진정으로 나답게 살 수 있는가?

자기 자신을 사랑한다

나답게 살려면 먼저 자기 자신을 사랑해야 한다. 니체는《차라투스트라는 이렇게 말했다》에서 "그대들의 이웃을 언제나 자신처럼 사랑하라. 하지만 우선 자기 자신을 사랑하는 자가 되도록 하라"라고 말한다. 스스로를 사랑하려면 먼저 자기 자신을 존중해야 한다. 니체는 고귀한 인간은 자기 자신에게 경외심을 가지고 있다고 말한다. 당신은 얼마나 자신을 존중하는가?

사람은 관계적 존재이다. 사람은 홀로 남겨졌을 때 불안을 느낀다. 그래서 다른 사람과 끊임없이 관계를 맺으며 살아가는데, 자신을 사랑할 줄 아는 사람만이 다른 사람들과 소통하고 공유할 수 있다. 자신이 무엇을 잘하는지 알기 때문에 다른 사람에게 좋은 영향을 줄 수 있다. 내가 사람들에게 사랑을 나누어 주면 받은 사람들은 그 사랑을 나에게 되돌려 준다. 하지만 자기 자신을 사랑하지 않는 사람은 자신을 잘 알지 못한다. 나도 나 자신을 알지 못하는데 누가 나를 믿어 주겠는가? 게다가 다른 사람의 말과 행동에 쉽게 흔들리고 만다. 결국은 모두 떠나가고 홀로 남게 된다. 그러므로 나를 사랑한다는 것은 다른 사람과 잘 지내기 위한 출발점이다.

니체는 《차라투스트라는 이렇게 말했다》에서 이렇게 말한다. "그대 위대한 별이여! 그대가 빛을 비추어 준다 하더라도 그것을 받아들일 존재가 없다면, 그대의 행복은 무엇이겠는가!"

인생의 중반까지 나를 위해 살아 본 적이 없다면 자칫 자기 비하, 자기혐오라는 부정적인 감정을 가질 수 있다. 게다가 경제력, 학벌, 외모 등이 타인보다 못하다는 생각까지 자주 하면 습관적으로 자기 비하에 빠질 수밖에 없다. 이런 열등감은 지금까지 자신을 있는 그대로 인정하지 못하고, 타인의 기준에 맞추어 살아왔기 때문에 생긴다. 자신을 타인과 비교하지 말고 타인을 부러워하지도 말자. 내 몸도 나의 것이고, 내 영혼도 나의 것이다. 자신을 소중한 사람이라고 여길 때 비로소 인생이 온전히 나의 것이 된다. 어떻게 인생을 살 것인지를 스스로 결정해야 진정한 행복을 찾을 수 있다.

수시로 내가 어떤 사람인지 고민한다

나답게 살기 위해서는 내가 어떤 사람인지 수시로 고민해야 한다. 인생은 산에 오르는 일에 비유할 수 있다. 세상의 모든 일은 한 치 앞을 볼 수 없을 만큼 뿌연 안개 속에서 일어난다. 예견할 수 없는 우리의 인생은 참 막막하지만 그럼에도 불구하고 계속해서 높은 곳으로 올라가야만 한다. 니체는 《인간적인 너무나 인간적인 II》에서 우리가 진리의 산을 올라가는 일은 결코 헛수고가 아니라고 말한다. 왜냐하면 오늘은 어제보다 더 높이 올라가기 위해, 내일은 오늘보다 훨씬 더 높이 올라가기 위해 힘을 단련하는 날이기 때문이다.

인생의 전환점에서부터 남은 삶을 나답게 살려면 높은 산봉우리에 올라 지나온 과거를 바라보아야만 한다. 눈을 감고 마음의 눈으로 자신의 내면을 탐색하는 시간을 자주 가져 보라. 자신의 온전한 모습은 내면의 자아가 하는 말에 귀를 기울일 때

찾을 수 있다. 인생의 깨달음은 얼마나 높은 곳에 서 있느냐에 따라 그 깊이와 너비의 정도가 결정된다. 서 있는 높이가 높을수록 세상을 보는 시야도 분명히 넓어지게 마련이다. 이렇게 나답게 산다는 것은 자기 자신을 발견한다는 것이다. 누구나 하나쯤은 잘할 수 있고 잘 맞는 일이 있기 마련이다. 자기 자신을 하나의 프레임에 가두지 말고 다양한 모습의 나를 인정하는 것이 진정으로 나다워지는 길이다.

마음이 이끄는 일을 한다

나답게 살려면 마음이 이끄는 일을 해야 한다. 우리는 인생의 전환점이라는 한 상태에서 다른 새로운 상태로 가는 과도기에 있다. 과도기의 삶은 상승과 하강의 연속으로 인해 변하기 때문에 항상 불안하고 초조하다. 특히 자신이 원하는 삶과 현실 간의 괴리로 인해 괴로움을 느낀다.

초인은 우리가 추구해야 할 꿈과 같은 존재이다. 니체는 《차라투스트라는 이렇게 말했다》에서 인간을 "짐승과 초인 사이에 놓인 밧줄"로 비유한다. 인간이 짐승을 넘어선 존재이듯 초인은 인간 위의 존재이다. 또한 인간에게 원숭이가 웃음거리가 되듯이 초인에게 인간은 그와 같은 존재이다. 그러므로 인간은 짐승과 초인 사이에 있는 중간 존재이며 짐승에서 초인으로 가는 과정이다. 우리는 짐승 쪽으로 갈 것인가, 아니면 초인 쪽으로 갈 것인가의 선택의 기로에 서 있다.

자기 존재의 의미를 터득한 사람이란

독일의 낭만주의 화가인 카스파르 다비드 프리드리히의 작품 〈안개 바다 위의 방랑자〉의 중앙에는 바위 절벽 위에 검은색 외투를 입고 오른손에 지팡이를 쥐고 서 있는 한 남자의 뒷모습이 그려져 있다. 그는 저 멀리 안개로 뒤덮인 산등성이들을 내려다보고 있다. 자신의 지나온 날들에 대한 깊은 성찰의 시간을 마주하고 있는 듯하다. 이 작품을 볼 때마다 높은 곳에서 무한한 대자연을 고독하게 바라보는 남자의 모습이 니체가 말한 초인의 모습이 아닐까 생각하곤 한다.

마음의 문을 열고 시야를 넓혀 자신의 본모습을 발견하는 순간 그 행복감으로 인생은 더욱 아름다워질 것이다. 정말로 행복한 삶을 살고 싶은가? 그렇다면 먼저 당신이 진정으로 원하는 모습을 찾아라. 그리고 자신의 마음이 이끄는 대로 나아가야 한다. 이는 인간 너머의 인간이 될 수 있는 강력한 원동력이다. 초인이 되는 것이 바로 우리가 추구해야 할 완전한 나다운 모습에 이르는 길이 아닐까.

인생 초반에 자신이 원하는 목표를 달성한 사람들 중에는 현실에 안주한 나머지 흐지부지한 인생을 살아가는 사람이 많다. 반면에 목표한 대로 인생이 흘러가지 않은 사람들 중에는 늘 세상을 탓하거나 자신의 운명을 탓하는 사람이 많다. 인생의 초반을 이렇게 보내면 인생의 중반에는 자기 자신이 불쌍해지고 앞날에 대한 걱정과 두려움이 사라지질 않는다.

새로운 꿈을 추구하는 과정에서는 언제든지 안 좋은 패가 나올 수 있고 불리한 상황이 계속될 수도 있다. 최악의 경우 모든 것을 잃어버릴 수도 있다. 결국 인생을 망칠 수도 있는 최악의 적은 바로 자신 안에 잠자고 있는 부정적인 감정이다. 부정적인 감정에 휩싸여 자신을 극복하지 못하면 니체가 말한 초인이 될 수 없다. 좌절된 꿈 앞에 무릎을 꿇어서는 안 된다. 현실에 안주하는 삶에서 벗어날 때 세상을 움직이는 힘을 가지게 될 것이다. 자신을 극복하려는 의지가 강해질수록 두려움과 포기가 휘두르는 무기에 강력하게 맞서 싸울 수 있다. 때가 되면 지금의 나와는 완전히 다른 사람이 된 자신을 발견하게 될 것이다.

ℓ

초인은 항상 자기 자신을 극복하는 삶을 추구하는 인간이다.

04

의욕할 수 있는
자가 되어라

· 힘에의 의지 ·

우리의 가치 평가들과 재화 목록들 자체는 얼마나 가치가 있는
가? 그것들의 지배에서 무엇이 산출되는가? 누구를 위하여? 무
엇과 관련하여? 삶을 위하여. 그러나 삶은 무엇인가? 따라서 여
기에서 "삶"의 개념에 대한 새롭고 더욱 분명한 이해가 필요하
다. 그에 대한 나의 공식은 다음과 같다. 삶은 힘에의 의지다.

《유고》

마흔의 내 모습은 어떠한가? 직장에서는 일명 '꼰대'라 불리는
융통성 없는 스타일의 소유자인가? 늦은 결혼으로 가정에서는
한 손에 커피를, 다른 한 손에 유모차 손잡이를 잡고 있는가?
혹은 중년이 되어서도 집도 직장도 없이 부모에게 얹혀사는 '캥

거루족'인가?

니체는 쇼펜하우어의 '의지' 철학에 영향을 받아 그가 말한 '삶에의 의지'의 개념을 빌려 자신이 말하는 의지에 '힘에의 의지'라고 이름을 붙였다. 쇼펜하우어의 철학은 맹목적인 의지를 부인하며 삶에 대한 비관으로 나아간 수동적 허무주의이다. 반면에 니체의 철학은 더 많이 원하며, 더 강해지기를 원하는 힘에의 의지를 추구하여 신의 죽음으로 인해 다가오는 허무주의를 극복하는 능동적 허무주의이다. 니체는 쇼펜하우어의 자기 보존 욕망과 종족 보존 욕망인 삶에의 의지도 단지 자기 보존을 위한 의지에 불과하다고 비판한다.

이렇듯 니체의 힘에의 의지는 쇼펜하우어의 의지와 근본적으로 다르다. 힘에의 의지는 단순히 살아남기 위한 의지가 아니라 삶과 맞서 싸우고 새로운 삶을 창조하는 원동력이다.

마음속에서 일어나는 작용과 반작용

니체는 《차라투스트라는 이렇게 말했다》의 〈천 개의 목표와 하나의 목표에 대하여〉에서 처음으로 '힘에의 의지 Der Wille zur Macht'를 등장시킨다. 영어로는 'will to power'로, 우리나라에서는

'권력에의 의지'라고도 번역한다. 여기에서의 권력은 우리가 일반적으로 생각하는 정치적 의미의 권력이 아니다.

니체는 힘에의 의지를 절망의 구렁텅이에서 빠져나올 수 있게 만드는 자기 극복의 원리로 이야기한다. 그는 "사람은 극복되어야 할 그 무엇"이라고 말하면서 자기 자신을 극복해야 한다는 점을 강조했다. 결국 힘에의 의지로 자기 자신을 극복하고 도달해야 할 목표는 바로 초인이다. 그렇다면 힘에의 의지는 어떻게 작동하면서 자기 자신을 극복하게 만드는가?

니체는 1888년 초 유고에서 힘에의 의지를 "존재의 가장 내적인 본성"으로 규정한다. 삶의 모든 것은 우리가 생각하는 방식에 따라 그 모습이 달라진다. 그리하여 현재의 나는 과거의 생각들이 모여 만들어진 총체라고 할 수 있다. 힘에의 의지는 '힘을 향한 의지'이다. 그러므로 존재하는 모든 생명은 자신의 힘이 증대하기를 추구한다면, 그만큼 힘이 강해지는 경우에는 쾌감을 느낄 것이다. 반대로 힘이 약해지는 경우라면 불쾌감이 따를 것이다. 따라서 힘에의 의지는 단순히 생존을 위한 투쟁이나 자신을 보존하려는 자기 보존의 충동이 아니라 자신의 힘을 강화하여 자기 자신을 극복하고 상승하려는 삶의 의지이다.

힘에의 의지의 성질을 좀 더 쉽게 이해하기 위해 한 가지 예를 들어 보자. 어느 날 나는 마흔이 훨씬 넘은 나이에 글을 쓰는 일이 너무 좋아져서 작가라는 직업을 갖겠다고 선언한다. 가족과 친구들은 '열 가지 재주 가진 사람이 밥 빌어먹는다', '그러다 처자식 굶긴다'며 만류한다.

이때 나는 대립하는 두 종류의 힘에의 의지가 마음속에서 움직이는 것을 느낀다. 하나는 힘의 증대를 추구하는 힘에의 의지이다. 또 다른 하나는 힘이 감소되는 힘에의 의지이다. '그럼에도 불구하고 작가라는 꿈을 향해 나아가겠다'는 생각은 힘에의 의지 A라고 하자. 반대로 '작가라는 꿈은 버리고 그냥 직장 생활이나 착실하게 해야겠다'는 생각은 힘에의 의지 B라고 하자.

힘에의 의지는 작용(A)과 반작용(B)의 관계이다. 니체는 힘에의 의지에 두 가지 진동이 있다고 말한다. 바로 긍정적인 의지와 부정적인 의지의 진동이다. 이 두 진동이 각각 A와 B에 있다. 내 안에서는 힘에의 의지 A와 힘에의 의지 B의 힘겨운 싸움이 시작된다. 이 싸움의 결과는 복종과 명령의 관계이다. 힘 싸움에서 승리한 힘에의 의지가 나의 삶의 모습으로 나타나게 된다.

만약 힘에의 의지 A가 힘에의 의지 B를 압도해서 위험을 무릅쓰고라도 내가 작가의 길을 선택한다면 어떻게 될까? 나는 글을 쓰면서 자식과도 같은 책을 매년 한두 권씩 출간하며 삶의 기쁨을 느낀다. 당장은 먹고살기 힘들지 몰라도 10년 후에는 베스트셀러 작가가 될 것이고, 많은 사람 앞에서 멋진 강연도 하게 된다. 왜냐하면 긍정적인 의지 A가 발산하는 긍정의 에너지로 좋은 결실을 맺을 수밖에 없다. 글을 쓰는 하루하루 삶을 긍정적으로 바라보기 때문에 절망적인 상황이 찾아와도 스스로 이겨 낼 힘이 생긴다.

반대로 힘에의 의지 B에 복종해 현실에 안주하는 삶을 선택한다면 어떻게 될까? 부정적인 의지 B가 작동해 점점 무기력한 삶을 살게 된다. 타인의 생각에 의존하는 사람은 결국 자신의 삶을 주체적으로 살지 못한다. 결과적으로 10년이 지난 후 얼마 안 되는 퇴직금을 받고 은퇴하여 남은 삶을 근근이 이어 갈지도 모른다. 이렇게 힘에의 의지는 지금 현재의 상태에 만족하는 마음이 아니라 자기 자신을 극복하고 상승하려는 마음이다.

삶은 힘에의 의지다

니체는 《차라투스트라는 이렇게 말했다》에서 이렇게 말한다.
"춤추는 별 하나를 탄생시키기 위해 사람은 자신 속에 혼돈을 지니고 있어야 한다."

'춤추는 별'이란 바로 초인의 삶을 말한다. 그런데 니체는 왜 춤추는 별을 탄생시키기 위해서 혼돈을 자신 속에 지니고 있어야 한다고 말한 것일까? 혼돈, 즉 카오스Chaos는 무질서를 의미

내 안에는 긍정적인 의지와 부정적인 의지가 힘을 겨룬다.
이 싸움에서 이긴 의지가 곧 나의 삶이 된다.

한다. 고대 그리스 시인 헤시오도스는 《신들의 계보》에서 천지 창조의 세 주인공으로 카오스(혼돈), 에로스(사랑), 가이아(대지)를 등장시켰다. 그는 세상의 만물이 카오스에서 창조되었다고 생각했다. 니체 또한 창조자가 되기 위해서는 먼저 우리의 마음이 혼돈 상태여야 한다고 말한다. 그렇다면 어떻게 나만의 춤추는 별을 탄생시킬 수 있겠는가? 니체는 자신의 공식을 제시한다.

"삶은 힘에의 의지다."

우리는 삶을 위하여 세상에 대해 가치 평가를 한다. 니체는 인간은 자신을 보존하기 위해 사물에 가치를 부여하며, 자기 스스로 '평가하는 자'라고 불러 왔다고 말한다. 가치 평가란 사물에 그 의미를 부여하는 과정이다. 기존의 가치는 가치 평가를 통해 새로운 가치로 태어나며 가치가 없던 것은 가치 평가를 통해 비로소 가치가 생겨난다. 결국 인간의 삶을 지배하는 힘에의 의지가 드러나는 방식이 바로 가치 평가이다. 니체는 "가치 평가란 곧 창조가 아닌가"라고 말한다. 그러므로 가치 평가가 없다면 "현존재라는 호두는 알맹이 없는 껍데기에 불과하다". 다시 말해 인간이 가치 창조의 주체이다. 결국 창조하는 자가 되려는 자는 끊임없이 기존의 것들을 파괴해야만 한다. 혼돈 속에서 춤추는 별을 탄생시키기 위해, 창조자는 새가 알에서 깨어나듯이 과거의 낡은 것들을 부수어야 한다.

자신을 부르는 내면의 목소리에 귀 기울여라

우리가 불행한 이유는 아직 자신의 춤추는 별을 찾지 못했기 때문이다. 누구에게나 자신만의 행운의 별이 하나쯤은 있다. 그 행운의 별이란 자신의 꿈이나 목표, 소망 같은 것이다. 어느 정도 안정된 40대에 새로운 꿈을 갖는다는 것은 사치일지도 모른다. 그래서 더는 꿈꾸지 않고 그대로 멈추어 버린 사람도 많다. 중년이라는 단어는 왠지 모르게 슬프다. 왜 우리는 현재의 자기 자신을 제대로 평가하지 못하는가? 솔직히 자신의 가치가 얼마인지 잘 모른다.

니체는 《권력에의 의지》에서 "생성에 존재의 성격을 각인하는 일이 권력에의 최고 의지이다"라고 말한다. 즉 힘에의 의지가 하는 일이 바로 내 존재의 의미를 각인하는 것이다. 세상은 매 순간 끊임없이 변화한다. 그 변화의 흐름에 인간도 계속해서 변한다. 어제의 나와 오늘의 나, 10년 전의 나와 현재의 나는 같은 사람이 아니다. 그러므로 우리는 순간순간 '나는 어떠한 존재인가?'라는 질문을 스스로 해야 한다. 니체는 "그대들이 의욕하는 바를 언제든 행하라. 하지만 그보다 먼저 의욕할 수 있는 자가 되어라"라고 말한다.

인생의 모든 문제에 대한 답은 내 안에 있다. 지금 우리는 성공할 수 있는 유리한 위치에 있다. 그런데 꿈꾸는 삶을 포기한다면 상황은 달라진다. 꿈이 없다면 당신은 새로운 경험을 할 기회를 얻지 못할 것이다. 나이를 좀 먹었다고 도전을 포기하거나 그대로 멈추어서는 안 된다. 내 안에 꿈틀대는 힘에의 의지와 생명력을 느껴 보라. 지금 이 순간이 세상에 나라는 존재를 끊임없이 각인할 수 있는 내 안의 잠재력을 무한히 펼칠 시간이다. 자신의 재능을 드러내기 위한 배움의 시간으로 하루하루를 보내야 한다. 내가 가장 잘할 수 있는 일, 내가 가장 좋아하는 일을 배우고 익히는 것이 인생의 중반기를 의미 있게 보내는 방법이다. 어떤 사람으로 기억되고 싶은지 자신의 가치를 스스로 평가해 보라. 힘에의 의지는 현재의 삶에 안주하지 않고 끊임없이 변화하는 삶에 맞추어 스스로 자기의 존재에 의미를 부여하는 과정 그 자체이다.

ℓ

각자의 별을 향한 발걸음을 내디더라.
하루하루를 자신의 재능을 드러내기 위한
배움의 시간으로 보내야 한다.

05

너의 오두막에
불을 질러라

· 모든 가치의 전도 ·

내 과제는 인류 최고의 자기 성찰의 순간인 위대한 정오를 준비
하는 것이다. 이때 인류는 과거를 회고하고 미래를 내다보면서
우연과 사제의 지배에서 벗어나 '왜?', '무슨 목적으로?'라는 질
문을 최초로 전체적으로 제기할 것이다.

《이 사람을 보라》

니체는 1886년부터 1889년 1월 3일 카를로 알베르토 광장에
서 정신을 잃고 쓰러질 때까지 많은 작품을 출간했다. 《선악의
저편》, 《도덕의 계보》, 《우상의 황혼》, 《안티크리스트》, 《이 사
람을 보라》 등 그가 짧은 시간에 이렇게 작품들을 쏟아 낼 수
있었던 이유는 그 밑바탕에 '모든 가치의 전도 Umwertung aller

Werte'라는 주제로 작성된 방대한 미완성 원고가 있었기 때문이다. 그것이 니체가 자신의 주저로 기획했던 《힘에의 의지》이다.

니체는 1885년부터 자신의 철학을 체계적으로 정립하기 위해 "모든 가치의 가치 전도의 시도"라는 부제를 붙인 《힘에의 의지》라는 대표작을 준비했다. 니체는 1888년 여름까지 이 대작을 완성하기 위한 원고와 그 원고들을 배열하는 방법에 대한 수많은 기획안을 만든다. 그는 그 당시 심각한 우울증에 시달려 마음이 울적했지만 자신의 사상을 집대성한 이 작품을 쓰려는 생각에서 용기를 얻었다고 한다.

그러나 니체는 1888년 8월까지 이어 간 《힘에의 의지》에 대한 기획을 포기하고 만다. 그 대신에 네 권으로 구성된 《모든 가치의 전도》라는 완전히 다른 책을 계획한다. 그 첫 번째 책이자 유일하게 완성된 작품이 《안티크리스트》이다. 결국 니체는 원래 계획했던 대표작 《힘에의 의지》와 《모든 가치의 전도》를 책으로 완성하지 못하고 정신적 암흑기를 맞이했다. 그래도 니체가 표현하고 싶었던 '모든 가치의 전도'라는 후기 사상의 중요한 점은 《선악의 저편》이나 《도덕의 계보》, 《안티크리스트》 등 다른 작품에서 모두 말했다.

니체가 1887부터 1888년 초에 《힘에의 의지》를 위해 썼던 원고는 시간이 흐른 뒤 니체의 여동생인 엘리자베트가 임의로 글을 선택해서 《힘에의 의지》(또는 《권력에의 의지》)라는 제목으로 편집하여 출산한다.

언제까지 타인의 원칙만 따를 것인가

니체가 말하길, 인간에게는 동물처럼 행동하는 것을 망각하기 위해서 많은 굴레가 씌워 있다. 그 덕분에 실제로 인간은 다른 어떠한 동물보다도 더 온순하고 지적이며 명랑하게 보이며 사려 깊게 되었다. 한편 인간은 이렇게도 오랜 시간 동안 쓴 굴레 때문에 자유를 잃어버렸고 지금까지도 괴로워한다. 여기서 니체가 말한 이러한 굴레는 무엇일까? 바로 서양을 2,000년 동안 지배했던 도덕적, 종교적, 형이상학적 관념들과 그것이 가진 무겁고 교묘한 오류이다.

니체는 《이 사람을 보라》에서 인류의 역사를 회고하며 우연과 사제의 지배에서 벗어나 '왜?', '무슨 목적으로?'라는 질문을 최초로 제기했다. 여기에서 우연과 사제의 지배란 이원론에 바탕을 둔 플라톤주의와 그리스도교가 지배해 왔던 삶의 가치를 말한다.

플라톤 이후로 유럽 사람들을 지배해 온 전통적 형이상학이 제시한 가치는 저편의 세계를 참된 세계라며 중시하고 이편의 세계를 가상의 세계라며 부정했다. 또한 인간의 영혼만을 중시하고 몸은 경멸했다. 니체가 '대중을 위한 플라톤주의'라고 불렀던 그리스도교는 인간에게 죄의식을 심었고, 고통으로 가득한 현세의 삶보다 영원불변의 세계인 천국을 더 중요시했다.

니체는 '모든 가치의 전도'를 통해서 기존의 형이상학의 토대를 전복하고 철학적 사유의 새로운 지평을 제시하고자 했다. 이것은 니체 철학 전반에 걸쳐 나타나는 방법론으로《우상의 황혼》의 서문에서 등장한다. 니체의 신의 죽음, 초인, 힘에의 의지, 영원 회귀 사상 등은 전부 모든 가치의 전도라는 방법론과 밀접한 관련이 있다. 그는 신의 죽음을 통해 저편의 세계보다 이 대지의 삶에 충실해야 한다고 주장하면서 지금까지 사람들에게 최고 가치로 여겨진 것들을 재평가했다. 또한 이제까지 삶을 지배해 왔던 모든 도덕적, 형이상학적, 종교적 가치의 정당성을 의심하면서 새로운 가치를 제시한다. 그래서 니체를 서양 철학의 근본을 뒤흔든 '전복의 철학자'라고 부른다.

니체는 모든 가치의 전도를 통해 이러한 굴레에서 벗어난 고귀한 인간에게만 비로소 맑은 공기와 정신의 자유가 보장된다고 말한다. 다시 말해 이제 짐승에서 인간으로, 다시 인간에서 초인으로 나아가는 최초의 큰 목표를 완전히 달성할 수 있다는 것이다. 오직 굴레를 극복한 자만이 오로지 이 삶의 기쁨을 위해 산다고 말할 자격이 있다.

나는 이 책에서 모든 가치의 전도 방식을 크게 세 가지로 정리했다.

굴레에서 벗어나는 방법

과연 지금 내가 알고 있는 것들이 신뢰할 만한지 의심하라

많은 사람이 타인이 만든 원칙이나 방식을 신뢰하면서 그에 따라 사는 것이 일반적이다. 우리 대부분이 그 원칙들을 믿고 따랐기 때문에 아무런 의심을 하지 않았다. 남들과 다르게 생각하고 다르게 행동하기가 쉽지는 않다. 왜냐하면 낡아 버린 기존의 가치를 습관적으로 받아들이고 따르는 게 훨씬 쉽고 익숙하기 때문이다.

니체는 모든 가치의 전도를 통해서 이제까지 자신의 삶을 이끌어 왔던 가치가 정당한지를 진지하게 묻는 태도가 필요하다고 말한다. 모든 가치의 전도는 지금까지 굳게 믿어 온 삶의 방식을 문제 삼는 것이다. 니체는 《인간적인 너무나 인간적인 Ⅱ》에서 자기 자신을 믿는 것에 대하여 이렇게 말한다.

"오늘날 신뢰를 얻기 위한 처방은 다음과 같다. 너 자신을 아끼지 말라! 네 의견이 신뢰할 만한 빛 속에 싸이기를 원한다면 먼저 너 자신의 오두막에 불을 질러라!"

　니체는 왜 자기 자신의 오두막에 불을 지르라고 말했을까? 여기에서 니체가 말한 '오두막'은 무엇을 의미할까? 아마도 오두막은 내가 지금까지 아무런 의심 없이 믿어 왔던 가치 체계를 의미할 것이다. 그 오두막 안에는 내가 막연히 믿어 왔던 것들, 예를 들면 어떤 신념이나 이념, 양심 같은 정신적 가치들이 들어 있다. 하지만 그러한 가치들을 그토록 애지중지했음에도 불구하고 사실은 왜 오두막에 그런 정신적 가치가 들어 있는지 잘 모른다. 왜냐하면 단 한 번도 진지하게 그런 가치들에 대해서 의심해 본 적이 없기 때문이다.

　마흔에는 이제까지 자신이 옳다고 믿어 왔던 정신적 가치들을 의심해 볼 시간을 가져야 한다. 현재의 나는 지금까지 나를 이끈 삶에 관한 생각과 방식의 결과이다. 따라서 자신이 변하지 않는 진리로 믿고 맹목적으로 사랑한 것들과 결별하지 않는다면, 미래는 여전히 현재의 모습 그대로일 것이다. 그래서 니체는 《인간적인 너무나 인간적인 II》에서 "적어도 한때는, 네가 인식하고 측정하려고 생각하는 것과 너는 결별하지 않으면 안 된다"라고 말한다.

　익숙한 것들과 결별하고 거리를 떠났을 때, 비로소 그 거리의 수많은 탑이 집 위로 얼마나 높이 솟아 있는가를 보게 될 것이라고 니체는 말한다. 즉 인식의 대상을 가까이에서 바라보지 말고 멀리 떨어져서 관찰하라는 의미이다. 거리의 탑들이 얼마나 높은지는 탑 안에 있을 때는 알 수 없다. 그 거리를 멀리 떠났을 때 거리의 탑들이 얼마나 높이 솟아 있는지 볼 수 있다. 지금까지 우리가 진리라고 믿어 왔던 것들을 의심해 보기 위해서는 대상에서 조금 떨어져 객관적으로 바라보는 태도가 필요하다. 나의 의견이 신뢰할 만한 것이 되기 위해서는 기존에 갖고 있던 생각의 오류를 알아채고 새로운 가치로 전환해야 한다.

진리에 대해 질문하는 법을 바꾸어라

우리는 거짓보다 진리를, 악보다 선을, 추함보다 아름다움을 더 가치 있는 것으로 생각한다. 종래 서양 철학의 형이상학에서는 진리나 최고선이 무엇인지를 질문했다. 니체는《도덕의 계보》에서 "사람들은 이러한 '가치들'이 갖는 가치를 주어진 것으로서, 사실로서, 의문의 여지가 없는 것으로 여겨 왔다"라고 말한다.

니체는 이제까지 지상에서 도덕으로 찬양된 모든 것을 '의심'한다. 그는 기존의 철학자들이 진리라고 믿었던 모든 철학 개념을 의심하고 또 의심했다. 니체는 이러한 의심 덕분에 선과 악이 진실로 어디에서 유래했는지, 즉 '인간이 어떤 조건에서 선과 악이란 가치 판단을 고안했는가'에 대한 물음을 던질 수밖에 없었다고 말한다. 니체의 질문하는 방식은 '궁극적으로 무엇이 참된 가치를 지니는가'가 아니다. 니체는《선악의 저편》에서 이렇게 말한다.

"우리 안에서 무엇이 진리를 원하는가?"

"왜 오히려 진리가 아닌 것을 원하지 않는가?"

"왜 불확실성을 원하지 않는가?"

"왜 심지어 무지를 원하지 않는가?"

니체는 '진리란 무엇인가?'가 아니라 '왜 우리는 그것을 진리라고 생각하는가?'라고 질문하는 법을 바꾸라고 말한다. 니체는 어떤 가치를 갖고 있기에 우리가 그것을 진리라고 생각했는지 묻는다. '무엇인가?'가 아니라 '왜?', '무슨 목적으로?' 형태로 질문하라는 것이다. 왜냐하면 니체는 기존 철학에서 말하는 보편적으로 따라야 할 절대적인 진리란 있을 수 없다고 생각하기 때문이다. 예를 들면 다음과 같은 식으로 질문의 방식을 바꾸는 것이다.

'사랑이란 무엇인가?'에서 '왜 우리는 사랑을 해야 하는가?'

'아름다움이란 무엇인가?'에서 '어떻게 해야 우리는 아름답다고 느끼는가?'

'삶이란 무엇인가?'에서 '어떻게 해야 우리는 더 행복한 삶을 살 수 있는가?'

'인간이란 무엇인가'에서 '인간은 어떻게 극복될 것인가?'

결국 니체는 모든 가치의 전도를 통하여 진리와 거짓, 옳음과 그름, 선과 악, 아름다움과 추함을 판단했던 기준을 새롭게 다시 세운다.

기존의 가치를 부정하고 새로운 가치를 창조하라

니체가 말한 모든 가치의 전도는 기존의 가치를 부정하지만 단지 부정으로 끝나지 않는다. 모든 가치의 전도는 오히려 삶을 긍정하기 위해 관점을 전환할 수 있는 도구이다. 모든 가치의 전도는 '모든 가치의 가치 전환'과 '새로운 가치의 설정'이라고 말할 수 있다. 또한 모든 가치의 전도는 허무주의와 염세주의를 극복하고 삶을 부정하는 기존의 가치 체계를 모두 해체하여 새로운 가치 토대를 만들려는 시도이다. 기존의 가치를 평가하지 않는다면 새로운 가치를 창조할 수 없다.

마흔이 되는 동안 여러 번의 실패와 좌절에 직면하면서 자신의 한계에 부딪혔을 것이다. 뜻대로 되지 않는 일이 하나둘씩 늘어나면 자신을 의심의 눈초리와 불안한 감정으로 바라보게 된다. 결과적으로 삶과의 전쟁에서 몇 번의 승리와 몇 번의 패배로 중년에 이르러서는 심리적으로 중대한 변화가 일어나기 마련이다.

자기 자신을 돌아볼 시간도 없이 바쁘게 살다 보면 우리의 영혼은 상처받고 메마른다. 지금까지 늘 옳다고 믿어 왔던 정치

적, 사회적 신념이나 가치관, 취향, 원칙이 갑자기 미심쩍어진
다. 사람과 상황에 따라서는 반대로 그러한 신념들이 점점 더
그릇된 고정 관념과 편견으로 굳어지기도 한다. 세상에 절대적
인 것은 없다. 삶은 어쩌면 니체의 말처럼 오류투성이일지도 모
른다. 하지만 삶의 오류들 때문에 불편함을 느낄 때 우리는 성
장할 수 있다.

ℓ

굴레를 벗은 자만이
몸과 마음 모두 자유로워질 것이다.

06

네 운명을
사랑하라

· 아모르파티 ·

나는 사물에 있어 필연적인 것을 아름다운 것으로 보는 법을 더
배우고자 한다. 그렇게 하여 사물을 아름답게 만드는 사람 중
하나가 될 것이다. 네 운명을 사랑하라. 이것이 지금부터 나의
사랑이 될 것이다! 나는 추한 것과 전쟁을 벌이지 않으련다. 나
는 비난하지 않으련다. 나는 비난하는 자도 비난하지 않으련다.
눈길을 돌리는 것이 나의 유일한 부정이 될 것이다! 무엇보다
나는 언젠가 긍정하는 자가 될 것이다!

《즐거운 학문》

니체는 1883년 2월 《차라투스트라는 이렇게 말했다》 제1부를
완성 후 1885년 4월에 이르러 제4부까지 출간한다. 니체는 이

책을 가장 중요한 작품이라고 생각했으나 안타깝게도 당대에는 전혀 인정받지 못했다. 각 권이 100부도 팔리지 않았다. 심지어 제4부는 40부를 자비로 출판했다. 그래도 니체는 자신의 때가 아직은 오지 않았다고 생각했다. 언젠가는 자신이 이해하는 삶과 가르침을 사람들에게 살도록 하고 가르치게 될 기관이나 《차라투스트라》를 해석하는 일을 하는 교수직이 만들어질 것이라고 예언했다. 니체의 이러한 자신감은 자기 자신을 진정으로 사랑하는 태도에서 비롯되었다.

'운명애運命愛', 아모르파티Amor fati는 니체 사상의 중심을 이루는 하나이다. "네 운명을 사랑하라"라는 운명애는 《즐거운 학문》의 〈새해에〉에 처음으로 등장한다. 새로운 해를 맞이하면 모든 사람이 자신의 가장 소중한 희망을 표현하듯이 니체도 자신의 새해 소망과 신조를 말한다. 그때 특별히 스친 첫 번째 생각이 바로 '운명Fati에 대한 사랑Amor'이다.

운명애, 자기 자신을 진정으로 사랑하는 법

니체는 운명애를 "앞으로의 삶에서 내게 근거와 보증과 달콤함이 될 생각"이라고 한다. 그렇다면 내 운명을 사랑한다는 것은 어떤 의미일까?

필연적인 모든 것을 아름답게 바라보는 법을 배운다

니체의 운명에 대한 사랑은 삶에서 필연적으로 다가오는 모든 것을 아름답게 바라보는 태도이다. 필연적인 것을 아름답게 본다는 것은 피할 수 없는 것을 받아들이는 것이다. 곧 자신의 운명을 있는 그대로 긍정하는 마음 자세이다. 비록 삶이 우리의 힘으로 바꿀 수 없는 것으로 가득 차 있을지라도 주어진 길을 담담히 걸어가는 것이다.

인생을 40년 넘게 살아온 지금, 우리는 여러 상황에서 어느 시기보다 더 큰 어려움을 겪고 있다. 비록 인간관계, 사랑, 감정, 일, 건강 등의 문제로 고통을 겪더라도 받아들이고 인정하려는 태도가 필요하다. 니체도 바그너와의 결별, 루 살로메에게 외면받은 사랑, 동생 엘리자베트와의 불화, 끝없이 반복되는 질병 등으로 고통이 반복되는 피폐한 삶을 살았다. 하지만 그는 다시 새로운 날이 밝아 오면 언젠가 긍정하는 자가 되고자 한다고 결의에 찬 어조로 말했다.

"나는 아직 살아 있다. 나는 아직 생각하고 있다."

어차피 피할 수 없이 부딪혀야 할 운명이라면 그것을 견뎌야 할 뿐 아니라 아름답게 바라보는 법을 배워야 한다. 니체는《니체 대 바그너》에서 "높은 곳에서 바라보면 모든 것은 다 필연적이며, 거시 경제적 의미에서는 모든 것은 다 그 자체로 유용하기도 하다"라고 말한다. 또한 같은 책에서 "자기가 겪은 고통 덕분에 깊이 괴로워하는 인간은 여느 가장 똑똑하고도 현명한 자들이 알 수 있을 만한 것보다 더 많이 알 수 있다"라고 말한다.

삶을 아름답게 바라볼 수 있게 만드는 것은 바로 감사의 힘이다. 인생을 살다 보면 어쩔 수 없이 부닥치는 실직, 실연, 실패, 이혼 등 불행한 사건 때문에 자신의 운명을 원망하거나 저주하지 말자. 니체는 《니체 대 바그너》에서 "어떤 때보다 내 삶의 가장 어려웠던 시절에 더 깊이 감사해야 하지 않을까라고 종종 자문했었다"라고 말한다.

추한 것과 싸우지 않는다

정신없이 돌아가 기진맥진했던 하루의 일과를 마친 후 잠들기 전에, 종종 우리는 온종일 자신을 억눌렀던 감정의 무게를 느끼곤 한다. 직장에서 처리하기 힘든 일로 곤란한 상황에 부닥쳤을 때, 직장 상사나 아랫사람이 무시할 때, 진상 고객에게 스트레스를 받았을 때…. 우리는 갈등의 상처로 잠 못 이룬 날이 얼마나 많았던가.

이런 추한 것과 싸울수록 감정의 쓰레기가 내면에 차곡차곡 쌓인다. 그래서 니체는 운명을 사랑한다면 추한 것과 싸우지 말아야 한다고 했다. 부정적인 감정에 휩싸인 상태가 계속된다면 피할 수 없는 운명이라면 너그럽게 사랑하라.
그리고 더 깊이 감사하라.

좋은 기회도 놓치게 될 뿐 아니라 창조적인 에너지와 활기마저 빼앗기게 된다.

비난하지 않으며 비난한 자를 비난하는 일조차 하지 않는다

현재의 삶은 자신이 선택한 결과라고 흔히들 말한다. 하지만 내가 선택할 수 없이 결정된 것도 많다. 예를 들면 내가 태어난 조국, 나를 낳아 준 부모, 외모, 타고난 재능, 바이러스 같은 재앙으로 인한 사업 실패 등은 피할 수가 없다. 이렇게 내가 선택하지 않은 것들의 결과가 만족스럽지 않을지라도 삶을 절대로 비난하지 말라고 니체는 말한다.

인간의 자유 의지를 긍정하는 철학에서는 무엇이든지 노력하면 다 된다고 말한다. 왜냐하면 사람에게 정해진 운명이란 없고, 누구든 얼마든지 자신이 원하는 방향으로 살 수 있다고 보기 때문이다. 하지만 그렇기 때문에 자유 의지의 철학은 실패한 사람에게 '당신은 노력이 부족했기 때문에 실패했다'며 일방적으로 책임을 묻는다.

니체는 이러한 입장을 '단죄의 철학'이라 부른다. 그는 《우상의 황혼》에서 "의지에 관한 학설은 본질적으로 처벌을 목적으로, 즉 죄를 찾아낼 목적으로 고안되었다"라고 말한다. 니체의 말처럼 우리는 지금 이 순간부터 자신을 탓하거나 다른 사람을 탓하지 말자. 운명애는 타인뿐만 아니라 자기 자신도 비난해서는 안 되는 것이다. 내가 선택할 수 없는 일이라면 스스로를 비난하거나 변명할 필요도 없지 않은가?

세상에 이미 정해진 것은 없다고 생각한다

니체가 말한 "네 운명을 사랑하라"라는 운명애가 숙명론을 의미하는 것은 아니다. 숙명론은 말 그대로 사람은 태어날 때부터 모든 것이 정해져 있다는 이론이다. 숙명론은 자유 의지와 노력으로 자신의 운명을 바꿀 수 없다는 입장이므로 사람을 무기력하게 만든다. 그래서 실패한 사람이 결과를 운명의 탓으로 돌리고 삶을 수동적으로 살아가게 한다. 숙명적인 삶은 우리가 추구해야 할 초인의 삶과는 너무나 거리가 멀다. 니체의 운명애는 자신의 운명을 있는 그대로 허용하며 성장의 기회로 받아들이는 것이다.

니체는《인간적인 너무나 인간적인Ⅱ》에서 활동적이고 성공 지향적인 사람들은 "너 자신을 알라"라는 격언에 따라 행동하지 않는다고 말한다. 대신 "자신을 원하라, 그러면 너 자신이 될 것이다"라는 명령에 따라 행동한다고 한다. 세상에 이미 결정된 일은 없듯이 이미 정해진 나의 모습도 없다. 자신이 원하는 대로 나의 모습이 변해 갈 뿐이다. 운명의 여신은 항상 자신의 바람직한 모습을 적극적으로 꿈꾸는 사람에게 더 많은 선택권을 선사한다.

오늘의 나는 어제 한 선택의 산물이다

세상을 살다 보면 종종 힘든 상황에 부딪혀 육체적, 정신적으로 무기력함에 빠져들기도 한다. 중년에는 잘 다니던 직장에서 명예퇴직을 당하기도 하고, 승승장구하던 사업이 하루아침에 망하기도 하고, 건강했던 사람이 갑자기 불치병에 걸려 시한부 인생을 살기도 한다. 니체는 《즐거운 학문》에서 "커다란 고통이야말로 정신의 최종적인 해방자이다"라고 말한다. 고통스러운 삶이 우리를 더 심오하게 만든다는 것이다.

우리는 삶이 아무리 고달프고 괴로울지라도 자신의 운명을 긍정하고 받아들여야 한다. 그렇다면 어떻게 고통스러운 내 운명을 사랑할 수 있을까? 바로 열정을 갖는 것이다. 열정은 독일어로 'Leidenschaft'이다. 이 단어에는 고통을 뜻하는 'Leiden'을 포함하고 있듯이 열정은 피할 수 없는 고통을 전제로 한다. 열정이라는 감정은 항상 고통과 기쁨을 함께 동반한다. 곧 삶에 대한 열정은 삶이 아무리 고통스럽고 힘들더라도 극복하려는 태도이다.

하지만 나이가 들수록 인생 초반에 비해 삶에 대한 열정이 점점 식어 가기 마련이다. 왜냐하면 청춘 시절에 가졌던 '내 삶에 중요한 그 무엇', 열정의 대상을 잃어버렸기 때문이다. 니체는

1880년 유고에서 "무엇이 내게 중요하다!"라는 말은 진정한 열정의 표현이라고 한다. 인생의 중반에 무엇보다 열정을 쏟을 수 있는 대상을 다시 찾는 것이 중요하다. 열정은 고통스러운 삶을 극복할 수 있는 강력한 수단이다.

니체는 《즐거운 학문》에서 이렇게 말한다.

"그대에게는 무엇이 매일매일의 역사인가? 그것을 구성하는 그대의 습관을 돌아보라! 그것은 무수히 많은 사소한 비겁과 나태의 산물인가, 아니면 용기와 창조적 이성의 산물인가?"

이러한 니체의 질문에 우리는 이제 결단을 내려야 할 순간에 있다. 삶을 향한 사랑과 열정을 선택할 것이냐, 아니면 삶에 대한 두려움과 불안을 선택할 것이냐, 양자택일의 상황에 놓여 있다.

수많은 실패와 좌절로 어느 때보다 삶이 가장 힘든 시절을 누구나 겪는다. 그런데 과연 몇 명이나 자신의 비참한 운명을 사랑할 수 있을까? 아마도 사람들 대부분은 이전에 가졌던 열정은 온데간데없고 삶에 대한 의욕마저 사라지고 말 것이다. 남은 것은 과거에 대한 후회와 미래에 대한 염려뿐이다.

그러나 이미 엎질러진 물을 놓고 후회해 봤자 주워 담을 수 없는 법이다. 니체는 "후회는 어리석음에 또 다른 어리석음을 더하는 것"이라고 말한다. 과거의 잘못된 선택으로 더 나은 방향으로 나아가지 못해서 현재 절망스럽고 후회스러운 날이 많다 해도 걱정과 후회는 아무것도 해결해 주지 않는다. 시간이 지나고 보면 내가 위기와 곤경에 빠졌던 순간이 큰 축복을 받기 위한 과정 가운데 하나였다는 사실을 깨닫게 된다. 그러므로 지금 이 순간 과거를 받아들여야만 앞으로 나아갈 수 있다. 그래서 니체는 "우리는 때때로 자신을 상실하고 또다시 자신을 발견하는 법을 터득해야 한다"라고 말한다.

ℓ

진정 자기 자신을 사랑하는 법을 배워야 하는 것은
고작 오늘과 내일을 위한 계명이 아니다.

07

영원을 넘어, 지치지 않고 처음부터 다시 한 번

· 영원 회귀 ·

모든 것은 가고, 모든 것은 되돌아온다. 존재의 수레바퀴는 영원히 굴러간다. 모든 것은 죽고, 모든 것은 다시 꽃 피어난다. 존재의 세월은 영원히 흘러간다.

모든 것은 꺾이고, 모든 것은 새로이 이어진다. 존재의 동일한 집이 영원히 세워진다.

《차라투스트라는 이렇게 말했다》

깊은 밤, 낯선 골목길을 산책하다가 문득 예전에도 이 골목길을 걸었던 것 같은 순간이 다가올 때가 있다. 아내를 처음 만났던 날, 아내의 얼굴을 바라본 순간 예전에도 이렇게 마주 앉았던 것만 같았다. 우리는 어느 별에서 함께 살다가 지금 이 순간

다시 만난 것일까?

최초의 경험인데도 어디에선가 이 장면을 본 적이나 이 상황을 경험한 적이 있다는 느낌이나 환상이 드는 현상을 '데자뷔'라고 한다. 우리는 이런 만남을 두고 운명적인 만남이라고 말한다. 그렇다면 운명이란 무엇인가? 정말로 운명이란 것이 있는가? 정말로 운명이 있다면 운명을 결정하는 것은 무엇인가? 또한 운명이 타고나는 것이라면 운명을 바꿀 수 있는 방법은 없는가?

니체는《이 사람을 보라》에서 영원 회귀 사상이 불현듯 떠올랐던 순간을 회고한다. 그는 1881년 8월 어느 여름날에 질바플라나 호숫가의 숲을 걷고 있었다. 그가 수르레이 마을에서 그리 멀지 않은 곳에 피라미드처럼 우뚝 솟아오른 거대한 바위 옆에 멈추어 섰을 때 영원 회귀 사상이 떠올랐다. 니체는 이 영원 회귀 사상이《차라투스트라는 이렇게 말했다》의 근본 사상으로 도달될 수 있는 최고의 긍정 형식이라고 말한다.

이 삶을 똑같이 반복해서 살 수 있는가?

'영원 회귀 Ewige Wiederkehr des Gleichen'는 동일한 것이 동일한

모습으로 영원히 반복해서 되돌아온다는 뜻이다. 니체의 작품 중 《즐거운 학문》의 〈최대의 무게〉라는 아포리즘은 영원 회귀 사상을 잘 표현한다. 니체는 어느 날 낮이나 어느 날 밤에 악령이 고독에 잠겨 있는 그대의 뒤로 살며시 찾아온 상황을 가정해보라고 한다. 악령은 그대에게 "너는 이 삶을 다시 한 번, 그리고 무수히 반복해서 다시 살기를 원하는가?"라고 묻는다. 당신은 지금 살고 있고, 살아왔던 이 삶을 다시 한 번, 그리고 셀 수 없이 몇 번이고 반복해서 살아야만 한다면 어떻게 할 것인가?

기독교에서는 천지 창조의 역사를 알파와 오메가로 설명한다. 다시 말해 서양의 세계관은 시작을 의미하는 알파와 종말을 의미하는 오메가로 직선적 시간관을 가진다.

영원 회귀에는 그 무엇 하나 새로운 것이 없다. 지금 우리가 경험하는 모든 고통과 쾌락, 근심과 염려, 크고 작은 온갖 일이 단 하나도 빠지지 않고 삶이 되풀이된다. 즐겁고 행복했던 일뿐만 아니라 슬프고 괴로웠던 일조차도 모조리 똑같은 순서와 맥락으로 되돌아온다. 니체는 "모든 것은 가고, 모든 것은 되돌아온다"라고 말한다. 모래시계의 모래가 아래로 모두 떨어지면 원래 상태로 되돌아가듯 영원 회귀 사상은 순환적 시간관을 가진다. 그래서 니체는 영원히 회귀할 수밖에 없는 우리의 운명을 '영원히 굴러가는 존재의 수레바퀴', '영원히 흘러가는 존재의 세월', '영원히 세워지는 존재의 동일한 집'에 비유한다. 모든 것은 헤어지더라도 또다시 만나 인사를 나눈다. 둥근 고리 모양의 영원한 순환 운동은 끝없이 반복된다.

니체는 1884년 유고에서 죽음을 앞둔 사람에게 영원 회귀의 동일성에 관해 이야기한다. 우리는 죽으면 영혼도 육체도 사라진다. 하지만 언젠가 다시 태어난다면 새로운 삶이나 더 나은 삶 또는 지난번과 비슷한 삶으로 태어나는 것이 아니다. 아주 작은 부분에서 가장 큰 부분까지 지금 죽어 가는 것과 같은 동일한 삶으로 다시 태어나게 된다. 따라서 일련의 삶에서 내가 다시 살고 싶은 부분만 선택할 권한도 없다. 또한 이 삶을 단한 번이 아니라 수없이 무한히 반복해서 살아야 한다. 그런데 니체는 왜 이러한 극단적 허무주의 형태의 영원 회귀라는 삶을 우리에게 요구했을까?

니체는 《차라투스트라는 이렇게 말했다》에서 영원히 돌아올 수밖에 없는 골목길에 관해 이야기한다. 차라투스트라는 난쟁이에게 "여기 성문을 가로질러 나 있는 길을 보라!"라고 말한다. 성문에는 '순간'이라고 적혀 있다. 이 순간이라는 성문에서 두 개의 골목길이 만난다. 내가 서 있는 곳 저 뒤쪽으로 기다란 골목길 하나가 뻗어 있다. 이 골목길은 바로 우리가 걸어온 과거이다. 내가 서 있는 곳 앞쪽으로 뻗어 있는 골목길은 끝까지 가본 사람이 아직은 없는, 걸어가야 할 미래이다. 우리는 과거와 미래가 교차하는 지점인 현재 이 순간에 서 있다. 지금 이 순간은 시간의 영원한 흐름 속에서 지속된다.

그렇다면 차라투스트라는 왜 '이 순간'을 보라고 했을까? 그것은 영원 회귀 사상으로 인해 극단적인 허무주의에 빠진 삶에 대한 해결책을 제시한 것이다. 언젠가 달렸던 것이 분명한 이 골목길, 달빛을 받으며 느리게 기어가는 거미, 달빛 자체, 영원한 사물들에 대해 함께 속삭였던 나와 너, 우리 모두는 이 성문을 가로질러 나 있는 길에 이미 존재했던 것처럼 데자뷔 현상이 일어난다. 또한 지금 이 순간 우리는 저 앞에 기다란 골목길로 달려가고 있다. 니체가 진정으로 우리에게 하고 싶은 말은 "우리 삶에서 지금 이 순간은 단 한 번밖에 없다"라는 것이다.

모든 순간에 존재는 시작한다

나는 지금 이 순간 글을 쓰고 있다. 나는 지금 이 순간 향기로운 커피 한 잔을 마시며 즐거운 음악을 듣고 있다. 나는 이 순간 초록으로 물든 산길을 걷고 있다. 삶은 이렇듯 순간순간의 조각들이 모인 결과물이다. 니체는 "모든 순간에 존재는 시작한다"라고 말한다. 우리는 이 순간을 산다. 그런데 아이러니하게도 우리는 순간을 살아갈 수 없는 존재이기도 하다. 어린 시절에 커다란 상처를 받은 사람은 트라우마에서 벗어나지 못해 과거에 사로잡혀 살 수밖에 없다. 또한 커다란 야망에 사로잡혀 있는 사람도 미래에 대한 기대와 두려움으로 이 순간을 제대로 살지 못한다. 과거와 미래를 위해 현재 이 순간을 헛되이 보내는 사람이 많다. 매 순간을 충실히 살아간다는 것은 결코 쉬운 문제가 아니다.

우리가 실제 있는 곳은 과거도 아니고 미래도 아니다. 바로 '지금 이 순간 이 자리'이다. 살아 있는 인간은 누구나 이 대지에서 벗어날 수 없다. 지금 이 순간이 아닌 다른 곳에 존재할 수 없다. 니체는 그래서 "이 대지를 사랑하라"라고 말했다. 과거와 미래는 현재 이 순간에 의해 결정된다. 동일한 모습이 영원히 반복된다는 사실이 저주가 되느냐 축복이 되느냐를 결정하는 것은 바로 이 순간이다. 그러므로 지금 이 순간을 헛되이 보내지 않는다면 삶을 과거로 되돌릴 수는 없지만 바꿀 수는 있다. 다시 말해 나의 운명이 달라질 수 있다. 진정으로 운명을 바꾸고 싶다면 현재 이 순간에 집중하고 충실해야 한다. 당신이 바로 지금 이 순간에 존재할 때 운명은 진정으로 살아 움직이게 된다.

니체는 《차라투스트라는 이렇게 말했다》에서 말한다.

"아, 나의 영혼이여. 이제 그 어디에도 이보다 더 사랑에 넘치고 더 넓고 더 광대한 영혼은 없을 것이다! 미래와 과거가 그대에게서처럼 더 밀접하게 결합되어 있는 곳이 어디에 있단 말인가?"

우리는 삶이 단 한 번밖에 존재하지 않는다는 사실을 망각하고 산다. 인생 초반에는 아직 살아갈 날이 많이 남아 있다고 생각하기 때문에 주어진 순간을 하찮게 여긴다. 그때는 최선을 다하지 않는 삶을 살았다.

인생의 중반까지는 얼마나 이 순간을 소중히 여기며 살아왔는가? 40대는 어느 정도 안정된 위치에 있기에 더 이상 꿈을 꾸지 않는다. 사실 현실적으로 더 큰 꿈을 꿀 여력도 없다. 니체의 영원 회귀 사상에 따르면 지금 현실에 안주하는 사람은 다음 번 삶에서도 무기력한 삶의 모습이 무한히 반복될 것이다. 하지만 지금 이 순간에 더 높이, 더 열정적으로 꿈꾸는 사람은 계속해서 상승하는 삶을 무한히 반복할 것이다. 이 순간은 나에게 가장 소중하다.

시간을 초월하는 최고의 긍정

우리는 두 가지의 삶의 태도 중에서 양자택일할 수밖에 없는 결정적인 순간을 마주하고 있다. 하나는 고통과 절망에 빠진 이번 삶을 바꾸기를 포기하고 다음 삶을 기약하는 태도이다. 하지만 니체의 영원 회귀 사상은 이번 인생을 포기한 사람의 기대를 꺾어 버린다. 지금처럼 엉망으로 산다면 다음 삶도 똑같다고 경고하는 것이다. 결국 이번 삶을 포기한 사람은 무의미한 삶이 영원히 반복된다는 생각으로 더욱 절망의 구렁텅이로 빠져들게 된다.

다른 하나는 이 삶을 최고로 긍정하는 태도이다. 영원 회귀 사상은 "모든 것이 영원히 반복되더라도 나는 이 삶을 사랑할 것인가?"라는 물음 앞에 우리를 세운다. 즉 영원 회귀 사상은 삶에서 만나는 필연적인 것을 긍정하고 사랑하는 '아모르파티' 개념으로 이어진다. 따라서 "너는 이 삶을 다시 한 번, 그리고 무수히 반복해서 다시 살기를 원하는가?"라는 질문은 이렇게 바꿀 수 있다.

'너는 얼마만큼 너 자신과 인생을 사랑할 수 있는가?'

지금 우리에게 니체의 영원 회귀 사상이 논리적으로 맞느냐 틀리느냐의 문제는 중요하지 않다. 중요한 것은 고통스러운 삶이 끝없이 되풀이되더라도 절망에 빠지지 않고 오히려 삶을 최고로 긍정하는 태도이다. 니체는 지금 이 순간 최선을 다한다면 자신의 운명을 결정할 수 있다고 말한다. 어쩌면 영원 회귀 사상을 통해 우리는 주어진 운명을 바꿀 수 있을지도 모른다.

니체의 영원 회귀 사상은 하나의 사상적 실험으로 괴로운 이 삶을 포기할지, 아니면 괴로운 이 삶에 다시 한 번 최고의 의미를 부여하여 극복할지를 선택할 것을 요구한다. 후자의 삶은 니체가 말한 힘에의 의지를 가진 초인의 삶이다. 초인은 영원 회귀 사상으로 인해 이제 더는 삶을 고통스러워하지 않고 받아들일 수 있게 된다. 인생은 고통스러운 순간의 연속이다. 이러한 삶이 영원히 회귀하기를 원하는 사람은 없을 것이다. 영원을 넘어 지치지 않고 '다시 한 번'을 외쳐 보자.

ℓ

초인은 과거나 미래로부터 자유로운 인간이다.

초인에게 가장 소중한 것은 이 순간이다.

2장

왜 자기 자신을
찾아야 하는가

니체의 운명 관리론

01

성스러운
긍정이 필요하다

· 정신의 세 단계 변화 ·

나는 그대들에게 정신의 세 가지 변화에 대해 말하고자 한다.
어떻게 하여 정신이 낙타가 되고, 낙타는 사자가 되며, 사자는
마침내 아이가 되는가를.

《차라투스트라는 이렇게 말했다》

이제까지 살펴본 것처럼 "신은 죽었다"라는 선언은 니체 철학
의 출발점이다. 니체는 신의 죽음으로 도래한 허무주의를 극복
하기 위해 여러 가지 철학 원리를 제시했다.

먼저 인간에게 '초인'이라는 목표를 제시한다. 인간은 자기 자
신을 극복하여 초인이 되기 위해서 '힘에의 의지'를 가져야 한
다. 또한 니체는 기존의 형이상학적 토대를 전복하고 새로운 가

치를 만들 수 있도록 '모든 가치의 전도'라는 방법론을 제시한
다. 초인은 현재의 삶이 수없이 되풀이되어도 긍정하는 '영원
회귀 사상'을 받아들여야만 한다. 그리고 삶이 고통스럽더라도
절망하지 말고 '아모르파티', 즉 자신의 운명을 사랑해야 한다.
영원 회귀 사상과 아모르파티는 현재의 삶에 대한 사랑이 없이
는 성립될 수 없는 개념이다. 따라서 이 두 사상은 뒤에 나올
'디오니소스적 긍정'이라는 세계를 있는 그대로 긍정하는 최고
의 긍정 양식으로 귀결된다.

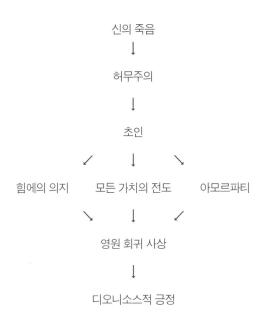

니체의 철학 원리

니체는 우리의 삶이 '자기 자신을 극복하는 삶'이기를 바란다. 니체 철학의 핵심적인 주제가 바로 '자기 극복'이다. 자기 극복은 자기 변화 또는 정신의 변화를 통해서만 이룰 수 있다. 니체는 자기 자신을 극복하려는 정신의 진보와 발전에도 일정한 단계가 있다고 본다. 《차라투스트라는 이렇게 말했다》에서 니체는 차라투스트라의 입을 빌려 '정신의 세 단계 변화'를 각각 낙타, 사자, 아이로 비유하여 말한다. 이러한 정신의 변화를 경험한 사람은 인간이 추구해야 할 궁극적인 최상의 모습인 초인에 이르게 된다.

정신이 발전하는 세 번의 변화

니체는 어떻게 하여 정신이 낙타가 되고, 낙타가 사자가 되고, 사자가 마침내 아이로 발전하는지 그 과정을 설명한다.

나는 해야 한다: 낙타 정신

첫 번째는 정신이 낙타로 변하는 '낙타 정신'의 단계이다. 낙타의 정신은 무거운 짐을 지고 버텨 내는 삶의 태도를 말한다. 곧 강인한 정신과 인내심을 의미한다. 낙타는 체념 어린 말투로

"나는 해야 한다"라며 주인의 명령에 복종할 뿐이다. 무겁기 그지없는 짐을 짊어지고 사막을 건너는 낙타처럼 우리도 삶의 무거운 짐을 지고 있다. 여기에서 무거운 짐은 전통적인 철학과 종교가 인간에게 요구하는 진리, 도덕, 신념, 관습과 규율, 신에 대한 순종과 믿음 등을 의미한다.

자유로운 정신을 추구한 니체의 입장에서 보면 정신이 낙타로 변했다는 것은 현대인의 노예적인 모습에 대한 비유이다. 낙타 정신은 일상적 삶에 매몰돼 주어진 현실에 안주하며 그 상태가 최선이라고 생각하며 산다. 삶을 비판적으로 바라보지 못하고 좁은 세계에 갇혀 우물 안 개구리 같은 삶을 살아가는 낙타 정신은 인간 말종의 모습인지도 모른다.

낙타 정신의 문제점은 인식의 테두리가 좁다는 사실을 알지 못하는 데 있다. 그래서 낙타는 아무리 짐이 무겁더라도 '무엇이 무겁단 말인가?'라고 반문하면서 무릎을 꿇고 등에 가득 실리는 짐을 거부하지 않는다. 오로지 지금까지 믿어 왔던 것들이 최고의 진리라고 생각하기 때문에 낙타는 변화의 필요성을 느끼지 못하며 변화를 거부한다. 낙타 정신은 오늘도 무거운 짐을 지고 일상이라는 사막을 향해 서둘러 갈 뿐이다.

나는 하길 원한다: 사자 정신

두 번째는 '사자 정신'의 단계이다. 차라투스트라는 "외롭기 짝이 없는 저 사막에서 두 번째 변화가 일어난다"라고 말한다. 고독한 사막에서 낙타 정신이 드디어 사자 정신으로 변신한다. 사자는 자유 정신을 의미한다. 사자의 정신은 자유를 쟁취하기 위하여 사막의 주인이 되고자 한다. 그래서 지금까지 자신이 짊어지고 있었던 무거운 짐을 부정하고 파괴한다. 사자는 이제 그의 마지막 주인인 거대한 용과 일전을 벌인다.

사자는 용과 싸워 승리함으로써 "너는 마땅히 해야 한다"라는 명령에 맞서 "나는 하길 원한다"라는 자유 의지의 주인이 된다. 사자 정신은 주관이 뚜렷해서 세상의 가치에 얽매이지 않고 자유로운 삶을 추구한다. 그러나 사자의 정신은 새로운 가치 창조를 위한 자유는 쟁취할 수 있지만, 기존의 가치를 파괴할 뿐 새로운 가치는 창조하지 못한다.

최고의 몰입: 아이 정신

세 번째는 '아이 정신'의 단계이다. 이제 사자 정신은 아이의 정신으로 변해야만 한다. 여기에서 아이의 정신이란, 어린아이가 놀이에 흠뻑 빠져 몰두하듯 자기의 삶을 긍정적으로 살아가는 것을 의미한다.

마지막 변화의 단계인 아이 정신은 자기 극복을 위한 최고의 경지에 이른 모습이다. 니체는 이런 아이 정신의 특징을 '순진무구함', '망각', '새로운 출발', '놀이', '스스로 도는 수레바퀴', '최

복종 상태에서 자유 상태로, 그리고 성스러운 긍정 상태로
우리는 자기를 극복하는 최고의 경지에 스스로 도달할 수 있다.

초의 움직임', '성스러운 긍정' 이렇게 일곱 가지로 표현했다.

모든 문제의 해답은 내 안에 있다

"강탈하는 사자가 이제는 왜 아이가 되어야만 하는가?"

니체는 반문한다. 그리고 자답한다.

"창조라는 유희를 위해서는 성스러운 긍정이 필요하다."

정신은 아이가 되어야만 자신만의 세계를 창조하는 자가 될 수 있기 때문이다. 니체는 누가 시키지 않아도 스스로 놀이에 집중하는 순진한 아이의 모습에서 진정한 창조자의 모습을 발견했다. 아이는 무엇인가 마음에 안 든다고 울며 떼쓰다가도 곧 잊어버리고 다시 즐겁게 놀이에 뛰어든다. 천진난만한 아이의 웃음은 티 없이 맑고 순진무구하다.

과연 중년에도 아이처럼 순진무구한 눈빛으로 세상을 바라볼 수 있을까? 중년에 이르러 어떤 것을 새롭게 창조한다는 것은 쉽지 않다. 지금까지 해 왔던 방식대로 이런저런 길을 모색했지만, 결국 인생의 막다른 길에 도달하곤 한다. 이럴 때 니체는 아이처럼 지금까지 해 왔던 것을 잊어버리라고 말한다. 창조력은 익숙한 과거를 잊고 낯선 곳으로 자기 자신을 던질 때 비로소 발견된다. 이것이 바로 니체가 제시한 인간만이 가진 '망각할 수 있는 힘'이다. 매번 새로운 마음으로 놀이를 시작하는 아이같이 처음으로 돌아갈 때 우리에게 새로운 길이 열릴 것이다.

　추운 겨울이 지나 따뜻한 봄이 오면 산과 강, 나무와 뿌리, 나뭇잎과 꽃, 자연의 모든 만물에 생명의 기운이 약동한다. 새로운 봄이 창조적이듯 우리의 정신도 이 세계의 창조 활동에 얼마나 지속적으로 관여하고 있는가. 우리 안에서 그리고 자연 안에서 활동하는 창조력은 신을 닮았다. 외부의 세계가 몰락한다 해도, 우리의 정신은 그 세계를 다시 세울 능력이 있다. 아이의 정신은 새로운 출발을 의미하기 때문이다. 새로운 일을 시작하고 싶은 영혼의 속삭임이 하루 종일 끊임없이 우리 안에서 들려온다. 마음의 귀로 듣는 연습을 해야 한다. 모든 창조의 영상은 이미 우리 마음속에 만들어져서 깊은 내면으로부터 울려 나오기 때문이다.

　우리의 삶이 끊임없이 고난과 고통으로 가득할지라도 삶을 아름답게 창조하기 위해서는 아이의 성스러운 긍정이 필요하다. 낙타, 사자, 아이로 세 번의 변화를 거쳐 우리는 초인에 이를 수 있다. 자기 자신을 극복하고 초인이 되는 방법을 외부 세계에서 찾을 것이 아니라 자신의 내면에서 찾아야 하는 것이다. 오로지 자기 자신만이 삶의 의미를 해석할 수 있다.

어떻게 사람은 자기 모습대로 사는가

그렇다면 우리는 어떻게 자신의 내면으로 뛰어들 수 있을까? 《차라투스트라는 이렇게 말했다》에서 차라투스트라는 더없이 고상한 영혼이 무엇인지 이야기한다.

'가장 긴 사다리를 갖고 있는, 그리하여 가장 깊은 심연까지 내려갈 수 있는 그런 영혼.'

'자기 자신의 내면으로 더없이 멀리 뛰어들고, 그 속에서 방황하며 배회까지 할 만큼 더없이 포괄적인 영혼.'

'즐거운 나머지 우연 속으로 뛰어드는, 더없이 불가결한 영혼.'

'생성 속으로 잠겨 드는, 존재하는 저 영혼. 의욕과 열망 속으로 잠겨 들기를 원하는 저 소유하는 영혼.'

'자기 자신으로부터 달아나 버리는, 더없이 큰 동그라미 속에서 자기 자신을 따라잡는, 어리석음이 가장 달콤하게 말을 건네는 더없이 현명한 저 영혼.'

'그 안에 모든 사물이 흐름과 역류, 썰물과 밀물을 지니고 있는, 자기 자신을 더없이 사랑하는 저 영혼.'

이러한 고귀한 영혼을 가진 사람이 니체가 말한 모든 존재 중에 최고의 인간 유형인 초인이다.

니체는《이 사람을 보라》에서 '어떻게 사람은 자기의 모습이 되는가'라는 질문에 답한다. 이 질문은 자기가 본래 누군지 전혀 눈치 채지 못하고 있음을 전제로 한다. 니체는 "본능적으로 너무 일찍 '스스로를 알아차리는' 것은 위험하다"라고 말한다. 사람은 무한한 가능성을 지닌 존재이다. 자기 안에 잠들어 있는 잠재적 능력을 차례로 발휘하기 전에 미리 자기 자신의 한계를 설정해서는 안 된다.

하지만 우리는 꿈을 강요하는 사회에서 자랐다. 사실은 장래 희망과 직업에 모든 가능성을 두고 열린 마음으로 청소년기를 보내야 했다. 그런데 중고등학교 시절에 겪는 모든 것이 입시와 연관되어 일찍부터 삶의 방향이 정해지고 말았다. 또한 대학교 시절에는 좋은 직장에 취직하기 위한 스펙을 쌓느라 많은 시간을 낭비했다. 불행하게도 우리는 진정으로 자신이 원하는 꿈을 꿔 본 적이 없는 세대이다. 단지 직업을 갖기 위해 너무나 빨리, 어쩌면 자신이 원하지도 않은 일을 꿈에 끼워 맞추는 식으로 살아왔다. 지금까지 자기 안에 잠재된 능력이 성숙하여 완성된 형태로 튀어나올 수 있을 정도로 충분한 시간이 우리에게 주어지지는 않았다.

지금도 달라진 것은 없다. 우리 모두 꿈을 포기하게 만드는 사회에서 변함없이 살아가고 있다. 마흔 즈음 되면 원하는 꿈을 꿀 여력이 없다 보니 변화보다는 현실에 안주할 수밖에 없다. 무엇을 소망했고 무엇을 추구했는지, 이 모든 것을 진정으로 자신이 원했는지 스스로에게 물어야 할 시간이다.

가던 길을 멈추고 자신이 걸어온 길을 되돌아보자. 우리는 가끔 옆길로 샌다든지, 망설인다든지 하거나 아니면 완전히 잘못된 길로 접어든 적이 있었다. 하지만 니체는 오히려 자신의 목표와는 전혀 상관없는 곳에 시간과 노력을 허비했을지라도 거기에서 자신의 최고로 현명한 모습을 발견할 수 있다고 한다. 이런 관점에서 삶을 바라본다면 그동안의 실수들조차 나름대로 의미와 가치가 생긴다.

이제 온전한 자기의 모습이 되기 위해서 내 안에 잠들어 있는 거인을 깨울 시간이다. 지금까지는 내 안에 무엇이 자라나는지 예감조차 할 수 없었지만, 이제 귀를 기울인다면 들리기 시작할 나이가 바로 마흔이다. 니체는 《이 사람을 보라》에서 이렇게 말한다.

"나는 어떤 것도 자기의 모습과 다르게 되는 것을 결코 원치 않는다. 나 자신도 다르게 되고 싶지 않다."

우리는 도대체 무엇을 힘들어하는가? 무엇이 우리를 무겁게 짓누르는가? 살아가면서 우리가 짊어져야 할 짐은 수없이 많다. 아이처럼 삶의 무게를 가볍게 만들고 기쁘게 살아갈 수는 없을까? 지금까지 누구나 긍정했던 모든 것에 '그럼에도 불구하고 부정한다'고 단호하게 말할 수 있을까?

니체가 말한 정신의 변화는 그 무엇에도 구속되지 않는 자유로운 정신세계로의 여행이다. 우리는 스스로 낙타 정신을, 사자 정신을, 아이 정신을 각각 선택할 수 있다. 또한 매일 낙타 정신, 사자 정신, 아이 정신으로 조금씩 성장할 수도 있다. 이렇게 초인에 이르는 성장의 길을 걷다 보면 언젠가는 자신도 모르는 사이에 진정한 자기의 모습에 도달할 수 있다.

ℓ

삶이 버거워 회의감이 들 때일수록
무엇에도 속박되지 않는 자유로운 삶을 꿈꿔 보자.

02

너 스스로가
되어라

· 신체 ·

신체는 커다란 이성이며, 하나의 의미를 지닌 다양성이고, 전쟁
이자, 평화, 가축의 무리이자 목자이다. 형제여, 네가 "정신"이
라고 부르는 너의 작은 이성 또한 너의 신체의 도구, 너의 커다
란 이성의 작은 도구이자 놀잇감일 뿐이다. 너희들은 "자아Ich"
운운하고는 그 말에 긍지를 느낀다. 믿기지 않겠지만 그보다 더
큰 것이 있으니 너의 신체와 그 신체의 커다란 이성이 바로 그
것이다.

《차라투스트라는 이렇게 말했다》

〈우리는 어디에서 왔는가? 우리는 누구인가? 우리는 어디로
가는가?〉는 프랑스의 후기 인상주의 화가 폴 고갱이 그린 대표

작의 제목이다. 그는 30대 후반에 화가의 꿈을 이루기 위해 가족과 증권 중개인이라는 직업을 모두 버리고 떠났다. 이 작품은 그가 말년에 살았던 타히티섬의 풍경을 보여 주지만, 제목에서 헤아려 볼 수 있듯이 그는 이 그림에 인간의 삶의 모습 전부를 담으려고 했다.

제목의 세 가지 질문에서 철학적으로 가장 중요한 질문은 '우리는 누구인가?'이다. 삶의 모든 문제는 진정한 '나'를 모르기 때문에 생기기 때문이다. '나는 누구인가?'라는 의문이 해결되지 않는다면 삶에서 발생하는 모든 문제를 풀 수 없다. 따라서 우리가 가장 먼저 해결해야 할 일은 진정한 나를 아는 것이다.

정신이 나인가, 신체가 나인가

고대 그리스 철학자 플라톤은 인간을 영혼과 육체로 나누어 설명한다. 그는 《파이돈》에서 영혼은 신적이고 불멸의 존재이며 지성으로 알 수 있고, 육체는 인간적이고 죽게 되어 있으며 지성으로 알 수 없는 것이라고 말한다. 또한 육체는 단지 영혼의 감옥일 뿐이라고 설명한다. 육체는 영혼을 혼란에 빠뜨려 참다운 진리와 지혜에 이르지 못하도록 방해하고, 영혼이 떠나자

마자 파괴되어 해체되고 천하고 악에 오염되어 있는 것이다. 반면에 영혼은 순수하고 항상 존재하고 죽지 않으며 귀하고 선한 것이다.

이렇듯 플라톤은 영혼이 육체보다 우위에 있다고 말하는 이성 중심의 이원론을 주장했다. 인간을 영혼과 육체로 분리하는 이분법적 플라톤의 사상은 신과 인간, 천상의 세계와 이 세상을 나눈 중세 기독교 사상으로 이어졌다. 근대에 이르러서는 데카르트가 정신과 육체를 완전히 독립된 두 개의 실체로 규정한 심신 이원론을 주장한다.

그렇다면 니체는 인간의 영혼과 육체를 어떻게 바라볼까? 니체는 영혼과 육체 중 어느 것이 진정한 나라고 생각할까?《차라투스트라는 이렇게 말했다》에서 차라투스트라는 "나는 전적으로 신체일 뿐 그 밖의 아무것도 아니다"라고 말한다. 오히려 영혼이 단지 신체에 깃들어 있는 그 어떤 것을 표현하는 말에 지나지 않는다는 것이다. 인간의 신체는 커다란 이성이지만 정신은 작은 이성이며 단지 신체의 작은 도구이고 놀잇감이라는 것이다. 즉 진정한 나는 바로 신체이다. 니체는 육체를 경멸하고 정신을 더 중요하게 생각하는 플라톤주의자나 기독교인 같은 이원론자를 비판한다.

차라투스트라는 이어서 '자아 Ich'와 '자기 das Selbst'의 관계를 설명한다. 우리 안에는 자아를 지배하는 더 위대한 존재가 있다. 그 이름은 '자기'이며 몸이라는 거대한 이성이다. 니체는 우리의 생각과 감정의 배후에 신체가 있고 그 신체 안에 바로 자기가 살고 있다고 주장한다. 니체의 '진정한 나'는 신체이고 자기이며 커다란 이성이다. 따라서 다음 등식이 성립한다.

'진정한 나=신체=자기=커다란 이성'

의식의 나와 무의식의 나에 대하여

니체가 자아와 자기를 구분하는 문제는 후대의 정신 분석학에 큰 영향을 미쳤다. 특히 스위스의 정신과 의사이자 분석 심리학의 거장 칼 구스타프 융은 자신의 삶을 기록한 최후의 자서전 《카를 융 기억 꿈 사상》에서 호기심에 이끌려 맨 먼저 니체의 《반시대적 고찰》을 읽었다고 말한다. 그는 니체의 작품에 무척 열광하여 곧바로 《차라투스트라는 이렇게 말했다》를 읽었다. 그는 이 작품이 괴테의 《파우스트》와 마찬가지로 자신에게 아주 강렬한 체험이었다고 고백한다. 융은 차라투스트라는 니체의 파우스트였고, 이제는 자신의 제2의 인격이라고 말한다.

융은 인간의 정신을 '의식', '개인 무의식', '집단 무의식'이라는 세 가지 수준으로 구분했다. 또한 그는 《차라투스트라는 이렇게 말했다》에서 자아와 자기를 구분하는 니체에게 영향을 받아서 의식의 주체 역할을 하는 자아와 의식과 무의식을 하나로 통합하는 전인격으로 자기라는 개념을 만들었다.

'왜 세상에는 행복한 사람이 있는가 하면, 불행한 사람도 있을까?'

'왜 하는 일마다 성공을 거두는 사람이 있는가 하면, 평생 실패만 하는 사람도 있을까?'

'왜 달콤한 결혼 생활을 하는 사람이 있는가 하면, 가정 파탄으로 이혼하는 사람도 있을까?'

'왜 평생 부유하게 사는 사람이 있는가 하면, 대대로 가난을 면치 못한 사람도 있을까?'

'왜 평생 건강하게 사는 사람이 있는가 하면, 불치병에 걸린 사람도 있을까?'

이러한 수많은 질문에 대한 해답을 우리는 어디에서 찾을 수 있을까? 세상에는 행복한 사람과 불행한 사람, 성공자와 실패자, 부자와 빈자, 건강한 사람과 병든 사람 등으로 나뉜다. 이처럼 세상에 단지 두 부류만이 존재하는 이유는 니체의 비유대로 말하면 강력한 명령자, 알려지지 않은 현자인 자기에 있다. 우리는 일반적으로 의식과 무의식의 관계를 쉽게 설명하기 위해 '빙산'에 빗댄다. 의식은 수면 위로 드러난 빙산의 일각이다. 무의식은 수면 아래의 거대한 빙산 덩어리이다. 우리는 눈에 보이는 빙산의 일각에 불과한 의식을 자신의 전부라고 착각한다. 우리가 더욱 건강하고 행복하고 부유하게 살기 위해서는 무의식에서 답을 찾아야 한다. 마음의 눈으로 자신의 내면을 바라본다면 그 안에서 거대한 무의식의 힘을 발견하게 될 것이다. 니체는《반시대적 고찰 Ⅲ》에서 이렇게 말한다.

"너 스스로가 되어라! 네가 지금 행하고 생각하고 원하는 것은 모두 네가 아니다."

무의식을 통제하는 것은 말처럼 쉽지 않다. 왜냐하면 인간은 어두운 베일에 싸여 있기 때문이다. 니체는 "토끼의 껍질이 일곱이라면 인간은 일흔 번 곱하기 일곱 번씩이나 껍질을 벗겨야" 한다고 말한다. 그만큼 인간은 아무리 자신을 파헤쳐도 자신의 본질을 찾아내기가 어렵다는 뜻이다.

진정한 자기를 찾는 방법

그렇다면 우리는 어떻게 자기 자신을 찾을 수 있는가? 인간은 어떻게 자신을 알 수 있는가?

진정한 자아의 근본을 이해해야 한다

니체는《반시대적 고찰 Ⅲ》에서 다음 질문에 대한 대상을 떠올리 보라고 말한다. 그러면 그 대상들을 통해 진정으로 내가 누구인지 알게 된다고 한다.

'너는 이제까지 무엇을 진정으로 사랑했는가?'

'무엇이 너의 영혼을 끌어당겼는가?'

'무엇이 너를 지배하는 동시에 행복하게 했는가?'

중년이 된 우리는 늘 같은 문제점을 안고 살아간다. 청춘 시절과 마찬가지로 같은 실수를 반복하고 같은 곳에서 실패를 경험하며 좌절감을 맛본다. 자신이 진정으로 원하는 것이 무엇인지 모르는 채 세상이라는 바다 위를 표류한다. 니체가 말한 질문들의 대상을 각각 한 단어로 요약하면 '사랑', '열정', '행복'이다. 니체의 말처럼 나 스스로가 되기 위해서는 이 세 가지 대상이 무엇인지 알아야 한다.

40여 년을 살아온 많은 이의 인생이 그렇다. 자신이 진정으로 사랑하는 것이 무엇인지, 자신의 영혼을 강력하게 끌어당길 만큼 진정으로 하고 싶은 것이 무엇인지 모른다. 그러니 무엇을 해야 행복할 수 있는지조차 모를 수밖에 없다. 성공적인 삶을 꿈꾸는 사람은 자신만의 특별한 청사진을 가져야 한다.

있는 그대로의 자기 모습을 사랑하라

우리는 니체가 말한 신체, 즉 몸을 사랑하는 법을 배워야만 한다. 40대 이후부터는 남녀 할 것 없이 갱년기와 함께 급속도로 건강이 나빠질 수 있다. 수십 년 동안 험난한 세월을 버텼으니 몸과 마음이 형편없이 망가져 있는 건 당연하다. 앞으로도 50년은 더 살아야 하는데, 큰 병에 걸리지 않고 잘 버틸 자신이 있는가? 항상 질병에 시달렸던 니체는 《이 사람을 보라》에서 건강한 인간이 되기 위해 음식 섭취, 기후와 장소의 선택, 그리고 휴식을 취하는 자기만의 방식을 소개한다.

- 든든한 식사가 너무 양이 적은 식사보다 소화가 더 잘된다.
- 누구든 자기 위의 크기를 알고 있다. 오래 질질 끄는 식사를 피하라.
- 간식도 먹지 말고 커피도 마시지 마라. 커피는 우울하게 만든다.
- 차는 아침에만 견딜 만하다. 조금만 마시되 강하게 마셔라.
- 가능한 한 앉아 있지 마라.
- 야외에서 자유롭게 움직이면서 탄생하지 않은 생각은 무엇이든 믿지 마라.
- 건조한 공기와 맑은 하늘이 있는 장소와 기후를 선택하라.
- 모든 독서는 나의 휴식에 속한다.
- 많은 것을 보지도, 듣지도, 자기에게 다가서도록 내버려 두지도 마라.

니체는 평생 건강과 병의 경계를 오갔다. 니체에게 병은 삶을 절망에 빠뜨릴 정도로 고통 그 자체였다. 병에 걸리면 이루 말할 수 없는 고통이 따른다. 병에 걸려 아파할 때 니체처럼 극심한 고통을 받아들일 수 있겠는가? 병에 걸려 건강을 잃고 나서야 건강의 소중함을 깨닫게 된다.

만약 지금 병에 걸려 몸이 아프거나 건강이 나빠졌다면, 다시 건강해질 시간이다. 우리는 누구나 몸 안에 병과 고통을 이길 힘을 간직하고 있다. 니체는 환자에게 가장 좋은 치료제는 건강 상태가 약간씩 나빠지고 좋아지는 것이라고 말한다. 또한 그는 자신의 삶에서 가장 아프고 고통스러웠던 시절에 가장 행복했고, '나로의 귀환'을 했다고 말한다. 니체는 병과 고통은 삶을 비관하게 만드는 것이 아니라 더욱 건강한 나를 찾아가기 위한 극복의 대상으로 보았다.

눈에 보이지 않는 영혼을 사랑하는 방법보다 눈에 보이고 만질 수 있는 몸을 사랑하는 방법을 배우는 것이 더 쉽다. 누구나 이 땅에 '몸'이라는 옷을 입고 태어난다. 비록 플라톤은 몸을 영혼이 갇혀 있는 감옥이라고 표현했지만, 몸은 우리가 이 세상에 왔을 때 처음 받는 아름다운 선물이다. 또한 죽을 때까지 입어야 할 마지막 옷이다. 따라서 스스로 몸을 사랑하는 마음으로 대해야 한다.

오늘부터는 거울에 비친 당신의 모습에서 마음에 들지 않는

점 대신에 좋아할 만한 부분을 찾자. 패스트푸드를 삼가고 건강한 음식을 먹자. 또한 주말마다 숲이 우거진 산으로 가서 스트레스와 부정적인 기운을 내뱉고 깨끗한 공기와 긍정적인 기운을 들이마시자. 가장 중요한 관계는 자기 몸과의 관계다. 몸이 아프거나 제대로 움직이지 않는다면, 삶이 절대 당신이 원하는 대로 작동하지 않는다는 것은 확실하다.

ℓ

이번 삶의 여행을 위해 영혼이 선택한 몸을
더욱 사랑하라.

03

사다리 하나만으로
먼 곳까지 휘둘러볼 수 없다

· 시도와 질문 ·

나는 다양한 길과 방법으로 나의 진리에 이르렀다. 내가 사다리
하나만으로 먼 곳을 휘둘러볼 수 있는 이 높이에까지 오른 것은
아니라는 말이다.

《차라투스트라는 이렇게 말했다》

프리드리히 니체는 고통과 절망으로 가득 찬 오늘날의 우리
에게 잃어버린 마음을 되찾는 방법을 알려 주는 독일의 철학자
이다. 니체는 19세기 말의 사람인데도 100년이 훨씬 지난 지금
까지 그의 철학이 울림을 주는 이유는 무엇일까? 그가 단순히
머리로만 삶을 사유한 철학자가 아니라 온몸으로 삶을 사유한
철학자였기 때문이다. 니체는 질병으로 인해 극심한 육체적 고

통을 겪으면서 인생은 그 자체가 고통과 시련의 연속이라는 것을 절실하게 깨달았다. 하지만 그는 진짜 삶이 무엇인가를 열렬히 갈망했다. 그는 스스로 자신의 삶과 열정적으로 사랑에 빠지는 것이 필연적인 과제라고 보았다. '저편의 삶'에 대한 동경이 아닌 '이편의 삶'을 완전하게 살아갈 갈망이 필요함을 깨달았다.

절망과 고통이 니체에게 준 것

니체는 1844년 10월 15일에 독일 프로이센 뢰켄에서 태어났다. 그날은 당시 프로이센의 왕 프리드리히 빌헬름 4세의 생일이었다. 니체의 아버지 루트비히 목사는 그 왕의 이름을 따서 아들의 이름을 '프리드리히 빌헬름 니체'라고 지었다. 2년 뒤인 1846년 6월 10일에는 니체의 여동생 엘리자베트가 태어났다.

1849년 7월 30일, 니체 인생에서 가장 비극적인 사건이 일어났다. 바로 아버지의 죽음이었다. 루트비히는 36세의 나이로 숨을 거두었다. 그를 죽음에 이르게 한 병은 뇌연화증으로 밝혀졌다. 아버지를 열렬히 사랑한 니체에게는 엄청난 충격이었다. 그런데 니체에게 불행은 여기에서 그치지 않았다. 아버지가 죽은 다음 해에 남동생 요제프도 뇌졸중으로 심한 발작을 일으키다 갑자기 죽었다.

니체는 그의 자서전 《이 사람을 보라》에서 자기 아버지의 삶이 기울던 바로 그 나이에 자신도 삶이 기울고 생명력이 가장 낮은 지점에 이르렀다고 말한다. 그는 세 발자국 앞도 보지 못할 정도로 시력을 잃었다. 그때가 1879년이었다. 니체는 그해에 건강 문제로 바젤대학 교수직을 내려놓은 후부터 그림자처럼 방랑자의 삶을 살아야 했다. 그의 삶에서 가장 큰 위기였다.

니체는 오랫동안 병든 생활을 했다. 병든 사람은 대부분 자기 스스로 건강해질 수 없다고 생각한다. 하지만 니체는 병든 상태가 자신의 삶을 더 풍부하게 하는 효과적인 자극제가 되었다고 말한다. 그는 자기 자신과 삶을 새롭게 발견하려고 노력했다. 또한 그는 건강에의 의지와 삶에의 의지를 자신의 철학으로 만들었다. 어린 시절부터 염세주의자였던 그는 가장 생명력이 낮았던 1879년 그해에 염세주의자임을 그만두었다. 비참과 낙담의 철학을 금지해 버렸다고 말한다.

시도와 물음을 두려워하지 마라

우리는 마치 중병을 앓듯 힘겨운 청춘을 보냈다. 그런데 삶을 되돌아보면 실패가 두려워 아무런 시도조차 하지 못했던 적이 얼마나 많은가? 특히 나이가 들수록 변화에 대한 두려움이 크기 때문에 그저 주어진 일에만 열성을 보이기 마련이다. 삶에서 가장 중요한 시금석은 바로 '우리는 이 세상에서 진정한 자아를 어떻게 찾아갈 것인가'이다. 완전한 나 자신에게 이르는 길은 어디인가?

일단 시도하고 질문하라

우리는 끊임없이 자기 자신을 향한 질문거리들을 안고 살아간다. 사람의 수만큼 각자 삶의 모습이 다양하듯이 저마다 해결해야 할 문제도 다양하다. 우리는 생각지도 못했던 질문에서 생각지도 못했던 해답을 찾곤 한다. 그러므로 자기 자신에게 어떤 질문을 하느냐에 따라 삶의 방향은 달라진다. '어떻게 해야 완전한 나 자신에게 이르는 길에 도달할 수 있을까?' 하는 질문을 심사숙고했던 니체는 기존의 철학자들이 사유했던 방법과는 다른 새로운 시도와 질문으로 그 답을 모색했다. 그의 수많은 작품과 유고는 바로 이런 시도와 질문의 결과물이기도 하다.

우리는 자신을 완전한 자아에 이르지 못하게 하는 수많은 장애물을 마주한다. 우리는 매 순간 선택해야만 한다. 어쩌면 우리의 삶은 이러한 선택지들의 모음일 것이다. 그래서 가끔은 잘못된 선택을 하고 그 선택이 짐이 되기도 한다. 니체는 1884년

그 어떤 두려움도 이겨 내고
인생에 온전히 자신을 내던져라.

유고에서 새로운 시도를 할 때마다 실패했고 질병과 통증에 시달렸다고 고백했다. 하지만 계속해서 시도한다면 자신 안에 감추어진 지혜, 즉 본연의 나 자신으로 돌아오게 하는 방법을 발견할 수 있다고 했다. 만약 우리가 잘못된 선택을 하더라도 언제든 삶의 방향을 바꿀 수 있다. 그 방법은 계속해서 시도하고 질문하는 것이다. 니체는 《차라투스트라는 이렇게 말했다》에서 이렇게 말한다.

"시도와 물음, 그것이 나의 모든 행로였다. 그리고 참으로, 사람들은 이러한 물음에 대답하는 것을 배워야만 한다!"

모두가 가야 할 단 하나의 길이란 없다. 즉 삶에 정해진 정답은 없다. 니체는 자신에게 길을 묻는 자들에게 그런 길은 존재하지 않는다고 말한다. 마흔, 지금껏 인생이 뜻대로 되지 않았다면 이제부터 질문의 대상과 방식을 바꾸어 보아야 한다. 질문의 대상은 타인이 아니라 바로 자기 자신이다. 다른 사람이 내 삶을 대신 살아 줄 수는 없다. 질문에 대한 답은 다른 곳에 있지 않고 오로지 내 안에 있다. 나를 사랑하려면 자기 자신과 대화의 시간을 가져야 한다. 끊임없이 스스로에게 질문을 하고 답을 구해야 한다.

천 개의 눈으로 세상을 바라보라

니체는 사태를 바라보는 하나의 눈, 즉 어떤 방향으로든 전혀 치우쳐서는 안 되는 하나의 눈을 가질 것을 요구하는 경우를 경계하라고 한다. 하나의 눈으로만 본다면 사태를 능동적으로 해석하는 힘이 억압되고 결여되기 때문이다. 우리는 천 개의 눈을 가지고 있고, 천 개의 길을 가지고 있다. 편견, 선입견, 고정 관념에서 벗어나기 위해서는 한 사태를 좀 더 다양한 눈으로 바라보아야만 한다.

니체는 다양한 길과 방법을 거쳐 자신의 진리에 이르렀다고 말한다. 이것이 니체의 관점주의이다. 니체는 《도덕의 계보》에서 "오직 관점주의적으로 보는 것만이, 오직 관점주의적인 인식만이 존재한다"라고 말한다. 대상을 한 가지 각도로만 바라보지 말고 약간의 거리를 두어야 한다. 한쪽으로만 치우쳐 생각하는 편견에서 벗어나는 방법은 다양한 관점으로 생각해 보는 것이다. 세상은 우리가 보는 대로 보이는 법이다.

명사형이 아닌 동사형의 삶을 살라

니체는 《도덕의 계보》에서 "우리는 우리 자신을 잘 알지 못한다"라고 말한다. 우리는 우리 자신에게 이방인이며, 자기 자신에게 가장 먼 존재라는 것이다. 왜냐하면 우리는 지금까지 자기 자신을 탐구한 적이 없기 때문이다. 니체는 이런 우리를 꿀벌에 비유한다. 꿀벌이 자신의 벌통을 향해 날아가듯이 우리가 진정으로 관심을 두는 것은 오직 '집에 무엇을 가지고 돌아갈 것인가'라고 말이다.

우리는 명사형의 세계에 갇혀 산다. 명사형의 세계는 고정되어 있고, 안정적이며, 예측과 통제가 가능하다. 명사형의 삶은 성공, 명예, 돈, 사랑, 권력 등 물질적인 것을 소유하는 데 관심이 있는 삶이다. 반면에 동사형의 삶이란 자신이 직접 경험하고 행동을 하는 삶을 말한다. 모든 존재가 생성, 변화, 소멸하므로 고정되어 있지 않다. 니체는 우리 가운데 누가 자신의 삶 자체, 자신의 경험에 관해서 진지하게 관심을 둔 적이 있느냐고 반문한다. 즉 니체 철학은 인간이 지금까지 명사형의 삶을 살아왔을 뿐 동사형의 삶에는 관심이 없다고 지적한다.

우리는 돈이나 명예 같은 것들을 한순간에 실수로 잃어버릴 수 있다. 그럼에도 불안정하고 불안하며 예측하기 힘든 동사형의 삶은 회피하려 한다. 명사형의 세계에 익숙한 나머지 동사형의 세계로 이행을 두려워하며 저항한다. 하지만 변화무쌍한 동사형의 세계에서 경험을 통해 쌓은 지혜는 누구도 빼앗아 갈 수 없다. 명사형이 아닌 동사형의 삶을 추구할 때 비로소 "우리는 진정 누구인가?"라는 질문에 답할 수 있는 것이다. 마음을 다해서 하고 싶은 것을 하라. 누구나 자신의 인생에서 늦은 때란 없다.

우리는 매년 새해에 앞으로 펼쳐질 새로운 날들을 위한 꿈을 계획한다. 새로 쓰기를 기다렸던 다이어리의 첫 페이지에 새해에 이루고 싶은 결심을 적어 나간다. 이때 적어야 할 것은 삶에 관한 질문이다. 질문이 무엇인지 스스로 알지 못한다면 그에 대한 대답을 얻을 수 없다.

막연히 삶의 의미를 궁금해한다고 해서 삶이 해답을 주지는 않는다. 왜냐하면 삶의 모습은 개인마다 다르게 다가오기 때문이다. 질문은 항상 구체적이고 현실적으로 적어야 한다. 내가 처한 구체적인 상황에 맞게 질문할 때 올바른 방향으로 나아갈 수 있는 해답을 찾게 된다. 어차피 해결하지 못한다고 체념한 채 온갖 질문을 가슴속에 묻어 두고 살아왔다. 우리는 일단 시도해야 하고 그 길 위에서 발생한 문제에 대한 물음, 그리고 물음에 대답하는 법을 배워야 한다. 삶에서 최악의 상황은 아무런 시도도 하지 않는 것이다. 시도하는 사람은 언젠가 자신의 질문에 대답을 얻게 될 것이다. 변화를 원한다면 실패를 두려워하지 말고 열린 마음으로 스스로에게 질문하라. 꿈꾸는 자만이 삶을 변화할 수 있다.

l

마흔, 자기 삶에 던져야 할 질문을
구체적이고 현실적으로 적어 내려가야 할 때이다.

제대로 잘된
인간이 되어라

· 인간 말종 ·

나 저들에게 더없이 경멸스러운 것에 대해 말하려는 것이다. 인
간 말종이 바로 그것이다.

《차라투스트라는 이렇게 말했다》

직장인 열 명 중 아홉 명이 '번아웃 증후군'을 경험한다. 과도
한 업무로 인한 스트레스로 몸과 마음이 탈진된 것이다. 번아웃
증후군은 일에 지나치게 몰두한 나머지 에너지를 소진하여 극
도의 신체적·정신적 피로감을 느끼며 무기력해지는 증상이다.
1974년에 뉴욕의 정신 분석가 프로이덴버거가 최초로 사용한
데에서 유래했다. 번아웃 증후군은 체력과 의욕이 뒷받침되면
쉽게 회복되지만, 40대가 넘어가면 회복력이 떨어진다는 것이

가장 큰 문제이다. 가정에서는 부모, 직장에서는 리더로서 40대
는 사회적으로 중요한 위치에 있다. 이들은 지난 20여 년간 그
무언가를 위해 무작정 노력하고 질주하고 경쟁하며 살아왔다.
그러다 보니 갑자기 체력도 의욕도 사라져 그 자리에 누워 버리
고 마는 경우가 상당하다.

　번아웃 증후군의 증상이 계속되면 우울증과 공황 장애, 수면
장애 등에 시달릴 수 있다. 또한 자신감이 저하되고 의욕을 상
실하여 패배감과 소외감 같은 부정적인 감정의 지배를 받기가
쉽다. '과연 나는 지금 무엇을 하는 건가?', '이렇게 살아가는 게
맞는 건가?' 하며 삶에 대한 의구심과 공허함이 밀려온다. 삶의
한가운데에 서 있는 우리가 어떻게 해야 번아웃에서 자유로워
질 수 있을지에 대한 답을 니체가 제시한 '초인'과 '인간 말종'이
라는 인간 유형에서 찾아보고자 한다.

제대로 잘된 인간과 인간 말종의 차이

　《차라투스트라는 이렇게 말했다》에서 차라투스트라가 초인과
인간 말종에 대한 첫 번째 연설을 마치자, 군중은 "아, 차라투스
트라여. 우리에게 그 인간 말종을 달라. 우리를 그 인간 말종으

로 만들어 달라! 그러면 그대에게 초인을 선사하겠다!"라고 외쳤
다. 여기에서 군중이 선택한 '인간 말종'은 누구일까? 니체는 인
간 말종을 "가장 경멸스럽기 짝이 없는 사람"이라고 말한다.

인간 말종이 경멸스러운 이유는 그들은 '사랑이란 무엇인가?',
'창조는 무엇인가?', '동경은 무엇인가?', '별은 무엇인가?'라고 묻
기만 하며 눈만 깜빡일 뿐 그 의미를 모르기 때문이다. 인간 말
종은 초인과 달리 자기 자신을 극복하려는 창조적 의지가 없다.
오로지 현실 안주적 삶을 살아갈 뿐이다. '최후의 인간', '마지막
인간'이라고도 번역되는 인간 말종은 초인과 뚜렷이 구별되는
대척점에 서 있다. 인간은 초인과 인간 말종 중 하나를 양자택
일해야만 한다.

그렇다면 우리는 어떻게 해야 인간 말종이 아닌 초인으로서
의 삶을 살 수 있는가? 니체는 초인을 "최고로 잘되어 있는 인
간 유형에 대한 명칭"이라고 말한다. 어떻게 해야 최고로 잘되
어 있는 인간이 될 수 있는지는 니체가 《이 사람을 보라》에서
말한 '제대로 잘된 인간'과 《차라투스트라는 이렇게 말했다》에
서 설명한 '인간 말종'의 특징을 보자.

제대로 잘된 인간은 욕망한다

이성을 중시했던 플라톤은 욕망을 이성으로 억제해야 한다고
말했다. 하지만 니체는 이성보다 욕망을 더 중요시했다. 니체는

자신의 감각에 집중하라고 한다. 우리는 '맛있는 음식을 먹고 싶다', '멋진 사람과 사랑에 빠지고 싶다', '좋은 직장에 취직하고 싶다' 등 욕망이나 욕구를 억제하거나 숨기면 안 된다. 삶은 욕망의 연속이다. 제대로 잘된 인간은 자신의 욕구나 욕망을 통해 진정한 자신을 재발견한다. 다시 말해 진정으로 행복한 삶을 살려면 자신이 원하는 것, 소유하고 싶은 것, 삶에서 체험하고자 하는 것이 무엇인지를 알아야 한다.

반면에 인간 말종은 그저 즐거운 소일거리에만 매달리는 삶을 산다. 인간 말종도 '우리는 행복을 찾아냈다'고 말은 한다. 사실 그들이 찾아낸 행복이란 단순하고 편안하고 소소한 즐거움만 준다. 인간 말종은 초인과 달리 자신의 내면에 잠자고 있는 창조적 능력을 발휘하지 못한다. 그들은 일하는 기계일 뿐이다.

대부분의 중년은 자신의 욕망을 억누르고 살 수밖에 없다. 마흔 이후에게 자신을 위한 삶이란 극히 일부분이다. 중년에게 가슴 뛰는 상상을 즐기며 사는 건 쉽지 않다. 차라투스트라가 말한 인간 말종의 삶처럼 중년은 그저 일하는 기계일 뿐이다.

번아웃 증후군에 빠지면 인생의 낙이 없어지고 지금까지 잘 지내 왔던 일상이 갑자기 무료해진다. 삶이 재미가 없다. 특히 40대에 직장이든 사업이든 그저 다 때려치우고 싶다는 위험한 생각이 들기도 한다. 그렇다고 지금 당장 직장을 옮기거나 폐업을 할 수도 없는 사정이다. 인생의 절반쯤에 찾아온 번아웃 증후군은 어떻게 대처해야 할까?

일단 잠시라도 충분히 휴식 시간을 갖는 것이 중요하다. 그리고 자신이 진정으로 하고 싶었던 일을 찾아내서 지금 하는 일과 병행한다면 잃어버린 열정과 성취감을 새로운 일에서 다시 찾을 수 있을 것이다. 나의 경우 지난 10년 동안 한 회사의 CEO로 바쁘게 일하면서 고전 문학, 동서양 철학, 그리고 역사부터 서양 미술에 이르기까지 다양한 분야의 책을 읽었다. 그리고 몇 년 전에 지적 탐구의 결과물을 책으로 출간하면서 작가라는 새로운 직업을 갖게 되었다. 내가 하고 싶은 일로써 새로운 열정을 갖게 되었고, 권태에 빠지기 쉬운 중년의 삶을 잘 보내고 있다.

제대로 잘된 인간은 오로지 유익한 것만을 추구한다

니체는 "제대로 잘된 인간은 자신에게 유익한 것의 한계를 넘어서면 그의 만족감과 기쁨은 중지해 버린다"라고 말한다. 다시 말해 제대로 잘된 인간은 자신에게 유익한 것만을 추구한다.

물론 인간 말종도 건강은 끔찍이도 생각한다고 차라투스트라는 말한다. 인간 말종은 낮에는 낮대로, 밤에는 밤대로 자신들의 조촐한 쾌락을 즐기면서 살아갈 뿐이다. 이러한 인간 말종의 쾌락적인 삶은 때때로 약간의 독을 마신 것처럼 안락한 꿈을 꾸게 만들지만, 자칫 많은 독을 마시게 되어 안락한 죽음에 이를 수도 있다.

우리는 직장에 있을 때는 집안일 생각으로, 집으로 돌아오면 마무리 짓지 못한 회사 일 생각으로 바쁘다. 끊임없이 이어지는 생각들로 단 하루도 참을 수 없을 것 같은 기분이 든다. 이런 마음을 치유하고 단단하게 만드는 방법은 내면을 만족감으로 가득 채우는 것이다. 후회, 자책, 걱정, 초조 같은 부정적인 감정이 찾아올 때, 우리는 맛있는 음식을 먹거나 술을 마시면 기분이 조금 나아진다. 하지만 스트레스를 받거나 우울할 때마다 상습적으로 과식과 과음을 한다면 분명히 건강에 문제가 생긴다. 무엇이든지 적당해야 하는데 과하면 중독된다. 특히 중년에 불안할 때마다 위로 삼아서 과하게 음식이나 술, 담배, 약물 등에 의존한다면 건강에 치명적이다.

오늘날 40대 가운데 우울증에 시달리지 않는 사람은 거의 없다고 해도 과언이 아니다. 정신적인 허기는 아무리 맛있는 음식으로 배를 가득 채워도 충족되지 않는 법이다. 대신 명상이나 요가, 자전거 타기, 수영, 춤, 골프, 등산 같은 운동으로 내면의 결핍을 채워 보는 것은 어떠한가? 번아웃에서 벗어나기 위해서는 이렇게 나를 위한 시간을 가지는 것이 중요하다.

제대로 잘된 인간은 해로운 것의 치유책을 안다

니체가 《우상의 황혼》에서 말한 "나를 죽이지 않는 것은 나를 더욱 강하게 만든다"라는 아포리즘의 의미는 '제대로 잘된 인간은 죽음을 제외하고 해로운 것에 대한 치유책을 알고 있다'는 것이다. 우리를 극단적인 죽음으로 몰고 가는 것이 아니라면 아무리 나쁜 환경이나 어려운 상황도 자기에게 유리하게 만들 수 있다.

살다 보면 꿈의 실현을 막는 장애물은 언제든 나타나기 마련이다. 갑작스러운 사건으로 인해 좌절과 절망감에 빠진다면, 당신은 그 누구에게라도 해결책을 구하고 싶을 것이다. 하지만 제대로 잘된 인간은 인생의 답을 구하기에 급급하지 않고 시련에 맞서 싸운다. 그는 자신이 정말 가치 있다고 세운 목표를 이루는 데는 아무리 많은 시간이 걸리더라도 절대로 포기하지 않는다. 그 이유는 남들보다 특별한 인생을 살고 싶어 하기 때문이다. 그들에게는 언제나 새로운 길이 나타나게 되어 있다.

하지만 인간 말종에게 육체적·정신적 고통과 시련은 회피의 대상이다. 그래서 차라투스트라는 인간 말종은 병에 걸리거나 의심하는 것을 죄로 여긴다고 말한다. 또한 그들은 돌에 걸리거나 다른 사람에 부딪히지 않기 위해 아주 조심조심 걷는 바보라고 말한다.

중년이라면 몸과 마음을 불태워 버리는 번아웃도 피할 수 없는 시련 가운데 하나이다. 인간 말종처럼 이러한 고통을 회피하지 말고, 나를 죽이지 못하는 것은 나를 더욱 강하게 만든다는 생각으로 정면으로 맞서는 마음 자세가 필요하다.

제대로 잘된 인간은 신중하고 여유롭다

제대로 잘된 인간은 오랫동안 신중함과 의욕으로 충만한 긍지를 가지고 천천히 성장한다. 반면에 인간 말종은 더 이상 가난해지지도 부유해지지도 못한다. 왜냐하면 그들에게는 그 어느 것 하나 너무나도 귀찮고 힘든 일이기 때문이다. 그들은 지금까지 해 왔던 일에만 매달릴 뿐 성장하려 하지 않는다. 그저 인간 말종은 모두가 평등하게 살기를 원한다.

대부분 리더의 자리에 올라가 있는 40대는 가정에서뿐만 아니라 회사에서도 '잘 선택해야 한다'는 강박 관념에 시달린다. 왜냐하면 제대로 잘된 리더일수록 주변의 기대가 높아지고 책임 또한 가중되기 때문이다. 리더로서의 중년의 삶은 이러한 막중한 책임감으로 성과에만 매달린다. 성과에 대한 압박을 받는 리더는 혼자 모든 짐을 짊어지고 서두르다가 결국 에너지가 소진돼 번아웃될 수밖에 없다.

서두른다고 모든 일이 잘 풀리는 것은 아니다. 빠르게 변화하는 세상에 적응하려고 '빨리빨리' 하다가는 빠르게 나동그라질 수가 있다. 번아웃 증후군에 시달리는 중년에게 필요한 것은 '느림과 기다림의 미학'이다. 모든 일에는 때가 있기 마련이다.

제대로 잘된 인간은 탓하지 않는다

제대로 잘된 인간은 자신의 선택에 따라 산다. 삶의 선택권을 타인에게 넘기지 않는다. 다시 말해 제대로 잘된 인간은 스스로 선택하는 것을 원칙으로 하고, 많은 것을 스스로 판단해서 버려 버린다. 사람들은 자신에게 닥친 불행을 운명의 탓으로 돌린다. 하지만 제대로 잘된 인간은 불행 또한 자기 스스로 만들어 낸 결과물이라 생각한다.

　살면서 우리는 하루에도 수많은 선택의 상황을 마주한다. 사실 현명한 선택, 잘못된 선택, 훌륭한 선택, 나쁜 선택, 용감한 선택, 비굴한 선택 등 이런 여러 선택의 점들을 하나의 선으로 이은 것이 우리네 인생이다. 그래도 선택하는 일이 쉽지 않은 것은 마찬가지이다. 나이가 든다는 것은 살아온 시간만큼 후회할 일도 많아진다는 것을 뜻한다. 하지만 '그 당시에 나는 왜 그런 선택을 했을까?', '만약 그때 다른 선택을 했더라면 더 좋았을 텐데' 같은 과거에 대한 푸념과 변명은 자신을 더 무기력한 삶으로 빠뜨릴 뿐이다. 모두가 잘 알다시피 인생에는 우리가 통제할 수 있는 부분도 있지만 통제할 수 없는 부분이 더 많다. 어차피 인생은 늘 성가신 문제투성이이다.

　인간 말종은 자신의 삶을 사랑하지 않는다. 왜냐하면 삶을 사랑할 능력이 부족하기 때문이다. 또한 삶을 견뎌 내는 능력이 부족하기 때문이다. 그렇기 때문에 인간 말종은 주어진 이번 생에 최선을 다하지 않는다.

번아웃에 빠지지 않는 방법, 혹시 빠지더라도 쉽게 빠져나올 수 있는 최고의 방법은 결국 자신의 삶을 사랑하는 것이다. 니체는 《차라투스트라는 이렇게 말했다》에서 삶을 감당하기 힘들더라도 연약한 태도를 보이지 말라고 한다. 사실 인생살이는 견뎌 내기 힘들 만큼 우리에게 가혹하기 때문에 익숙해지기가 쉽지 않다. 하지만 우리는 '그럼에도 불구하고' 삶을 사랑하는 것이다. 진정한 사랑에는 아무런 조건이 없듯이 삶에 대한 사랑에도 마찬가지이다. 삶이 아무리 불완전할지라도, 우리는 그 불완전함마저 사랑해야 한다. 그래서 니체는 "우리의 결함은 이상을 바라보게 되는 눈이다"라고 말한 것이다. 삶을 사랑하는 능력을 스스로 회복하라.

ℓ

몸과 마음이 불타 버리는 시기라도
자신을 사랑하는 방법을 잊지 마라.

05

역풍을 만나 보아야 어떤 바람에도 항해할 수 있다

· 몰락 ·

위대한 정오란 인간이 짐승과 초인 사이에 놓인 길의 한가운데에 서 있을 때이며, 저녁을 향해 나아가는 그의 길을 최고의 희망으로 축복하는 때이다. 왜냐하면 그 길은 새로운 아침을 향해 가고 있기 때문이다. 이때 몰락해 가는 자는 자신이 저 너머로 건너가는 자임을 알고 스스로를 축복할 것이며, 그때 그의 인식의 태양은 그에게 정오의 태양이리라.

"모든 신은 죽었다. 이제 우리는 초인이 등장하기를 바란다."

이것이 언젠가 찾아올 위대한 정오에 우리의 마지막 의지가 되기를!

《차라투스트라는 이렇게 말했다》

오늘날 거의 모든 사람이 물질적으로 풍요롭게 살고 있는 것처럼 보인다. 그렇다면 이제 우리는 삶의 한가운데에서 '우리는 진정한 자아로 살고 있는가?'라는 질문을 해 봄 직하다. 물질적으로 부족한 것이 없는데도 문득문득 내가 원했던 나로 살고 있지 않는다는 생각이 든다. 청춘 시절에 간절히 원했던 꿈을 이루었을 때는 내가 진정으로 원하던 삶에 도달했다는 생각으로 자부심이 들기도 했다. 하지만 점점 나이가 들수록 다시 원점으로 돌아왔을 뿐이라는 사실을 깨닫는다.

우리가 꿈꾸는 진정한 삶이란 도착해야 할 종착역은 아니라고들 말한다. 그런 삶을 위한 종착역 같은 곳은 존재하지 않는다. 인간에게 끝은 오로지 죽음뿐이다. 그래서 인생이 허무한 것이다. 인생의 끝에는 무언가 대단한 것이 있을 것만 같아서 숨을 헐떡이며 달려가 보지만, 아무것도 없을 수 있다. 그렇다면 마흔의 우리는 어디로 향해야 할까?

경멸과 몰락이라는 위대한 순간

인간은 니체가 설정한 '신의 죽음'이라는 충격적인 사건으로 인해 기댈 곳이 완전히 사라져 버렸다. 지금까지 믿어 왔던 모든 것이 사라져 버렸기 때문에 허무주의에 빠질 수밖에 없었다. 이제 인간은 홀로 삶을 헤쳐 나가야만 한다. 초인에 이르는 길은 고독하고 험난하다. 니체는 이러한 무無의 감정인 허무주의를 극복하기 위한 방법으로, 앞서 이야기한 바와 같이 초인이라는 새로운 인간 유형을 제시했다.

초인이 되기 위하여 우선 니체는 《차라투스트라는 이렇게 말했다》에서 "위대한 경멸의 순간을 체험하라"라고 말한다. '위대한 경멸의 순간'이란 지금까지 행복했다고 생각한 수많은 시간, 인간은 이성적인 존재라는 생각, 그동안 추구했던 모든 미덕이 하찮고 역겨워지는 순간이다. 다시 말해 기존의 모든 가치가 이제 아무런 의미가 없다는 사실을 깨닫는 순간이 바로 위대한 경멸을 체험하는 시간이다.

신이 없는 세상에서 인간은 자신이 누구에게도 기댈 수 없는 존재라는 사실에 깊이 절망하게 된다. 그러나 인간은 아무런 목적도 없는 절망스러운 삶이 경멸스럽다는 사실을 깨달아야 한다. 자신이 절망에 빠져 있다는 사실조차 모르는 사람이 더 위험하다. 자신이 절망의 구렁텅이에 빠져 있다는 사실을 깨달아야 스스로 극복도 할 수 있다. 따라서 경멸의 순간을 맞이하는 것은 새로운 삶의 출발점에 서는 것이다.

그러한 위대한 경멸의 순간에 우리가 있어야 할 곳은 바로 허무주의의 벼랑 끝인 '몰락'이다. 니체는 《차라투스트라는 이렇게 말했다》에서 차라투스트라의 입을 빌려 "나는 그대와 마찬가지로 몰락해야 한다"라고 말한다. 좌절과 고난 속에서도 자신을 극복하기 위한 조건으로 몰락을 요구한다.

니체는 《우상의 황혼》에서 "아무것도 아름답지 않고, 오직 인간만이 아름답다. 모든 미학은 이런 소박한 생각에 기초하고 있으며, 이것이야말로 미학의 제1의 진리이다"라고 말한다. 이어서 "퇴락한 인간 이외에는 아무것도 추하지 않다"라며 이를 미학의 제2의 진리라고 말한다. 니체의 말처럼 우리는 인생을 살면서 아름다운 인간이 되기도 하고 퇴락한 인간이 되기도 한다. 가능하다면 누구나 아름다운 인간으로 존재하고 싶지만 한결같이 아름다운 인간으로만 살 수는 없다. 그렇다면 우리를 이렇게 몰락하게 하는 것은 무엇인가?

매년 발표되는 OECD 주요 국가의 우울증 지수에 대한민국은 최상위권을 차지한다. '마음의 감기'라고 부르는 우울증은 중년에게는 불현듯 찾아오는 불청객이다. 우울 상태를 치료하지 않고 방치한다면 극단적인 경우 '절망사'에까지 이를 수 있다. 절망사는 반복되는 절망 속에서 삶의 의미를 찾지 못하고 죽음에 이른 것을 말한다. 절망사의 원인으로는 약물 중독, 알코올 중독, 자살 등을 꼽는다. 왜 우리의 삶은 이러한 비극으로 내몰리는 것인가? 한창 삶을 누려야 할 나이에 무엇 때문에 불행하고 우울한 것인가?

니체는 인간을 약화하고 그 마음을 우울하게 하는 원인을 '모든 추한 것'에서 찾는다. 인간은 추한 것들 앞에서 무기력해지고 쇠퇴하며 위험에 빠진다. 니체가 언급한 추한 것들에는 소진, 힘듦, 늙음, 피로의 모든 징표, 경련이나 마비 같은 모든 종류의 부자유이다. 인간은 중년부터 노화의 속도가 확연히 빨라진다. 특히 호르몬의 변화로 인해 갱년기가 올 수 있는 시기이다. 그래서 몸이 예전 같지 않게 힘들고 쉽게 지친다. 그런데다 경제적으로나 사회적으로 무척 팍팍한 삶을 살고 있다. 또한 40대를 넘어서면 다른 사람과 비교해 더 많은 것을 성취하지 못했다는 심리적 좌절감과 압박감을 받기 쉽다. 중년의 우울감과 권태로움은 점점 심해질 수밖에 없다. 일명 '중년 우울증'에 빠지는 것이다.

상승만 하는 인생도 없고 하강만 하는 인생도 없다

인간은 하염없이 쇠퇴하는 자신을 증오할 수밖에 없다. 하지만 니체는 몰락한 자신에 대한 증오감에도 전율, 신중함, 심원함, 멀리 내다봄이 들어 있다고 말한다. 언제나 부족하고 힘든 우리의 삶도 아름다운 예술로 다시 태어날 수 있는 것이다. 그러려면 자신의 추한 삶을 경멸해야 다시 아름다운 삶을 향해 나아갈 수 있다. 모든 몰락은 새로운 기회의 순간이고 아름다움과 함께 상승하며 또 다른 삶을 꿈꾸게 한다.

니체는 《차라투스트라는 이렇게 말했다》에서 몰락해 가는 자는 위대한 정오에 짐승에서 초인에 이르는 길 한가운데 서 있다고 한다. 여기에서 위대한 정오란, 그림자 같은 허상의 삶이 사라지는 순간이다. 차라투스트라는 저녁을 향해 나아가는 그의 길을 최고의 희망으로 축복하게 되는 때라고 말한다. 왜냐하면 몰락하는 자는 드디어 새로운 아침을 맞이하여 인간의 온전한 모습인 초인에 이를 수 있기 때문이다. 이제 인간은 인간 이전의 존재인 짐승으로 퇴락할 것인가, 아니면 삶을 극복하여 초인으로 상승할 것인가를 선택해야 한다. 여기 인생을 아름답게 만드는 니체만의 비결이 있다.

인생의 흐름에 맞추어 리듬을 타라

니체는 "힘의 느낌, 힘에의 의지, 용기, 긍지 같은 것들은 추한 것과 더불어 하강하며, 아름다운 것과 더불어 상승한다"라고 말한다. 당신은 인생의 흐름에 얼마나 맞출 수 있는가? 우리의 인생은 상승과 하강의 연속이다. 그래서 인생을 롤러코스터에 비유하기도 한다. 하지만 우리의 감정은 롤러코스터와는 정반대이다. 롤러코스터가 상승했다가 하강할 때 가장 큰 짜릿함을 맛보는 반면 인생의 롤러코스터는 상승했다가 하강할 때 큰 좌절감을 맛본다.

'빚투', '영끌'까지 했던 투자자가 투자 시장이 대폭락하면서 전 재산을 잃고 자살을 선택했다는 충격적인 기사가 심심치 않게 보인다. 특히 40대 투자자가 투자 시장의 절반을 차지하고 있었기 때문에 남 일처럼 느껴지지 않을 것이다. 왜 우리네 인생은 항상 위아래로 굽이칠까? 니체는《즐거운 학문》에서 이렇게 말한다.

"추구하는 것에 지치게 된 이후로 나는 발견하는 것을 배우게 되었다. 역풍을 만난 이후로 어떤 바람이 불어도 항해할 수 있게 되었다."

인생에서 가장 비참한 일은 무엇이라고 생각하는가? 마흔에게 실패보다 더 충격적인 일은 없을 것이다. 그러나 역풍을 이겨 낸 배처럼 크고 작은 실패를 발판으로 역전승을 거둘 수도 있다. 그러므로 자신의 실패를 겸허히 받아들이는 법을 배워야 한다. 때로는 막다른 길에 이를 수도 있다. 하지만 그 골목길에서 다시 진정한 자아를 찾아가는 새로운 길을 찾을 수도 있다. 진정한 자아를 찾아가는 삶은 직선이 아니다. 곡선이다. 또한 시작은 있으나 그 끝은 알 수 없다.

모두가 눈코 뜰 사이 없이 바쁘게 살지만 그중에도 유난히 남보다 정신이 없고 기진맥진하는 사람이 있다. 오늘 하루도 잘 돌아간 일과 그렇지 않은 일이 마음에 혼란을 일으킬 것이다. 인생이 주는 흐름에 맞춰 리듬감 있게 춤추는 법을 배워야 한다.

자신에게 맞는 인생의 속도를 찾아라

현재의 삶에 대한 불만과 증오는 또 다른 삶을 추구하게 한다. 몰락은 변화의 성장통이다. 삶에 하강이 없으면 성취도 없다. 삶의 최저점에서 우리는 야망을 가져야 한다. 그래야 다시 상승할 수 있다. 삶의 최고점에서 다시 몰락한다고 실망할 필요도 없다. 우리가 다시 성장할 기회는 분명히 오기 때문이다.

니체는 《인간적인 너무나 인간적인 II》에서 일을 천천히 시작하며 좀처럼 어떤 일에 통달하기 힘든 사람이라도 끊임없이 속도를 가한다면, 마지막에는 그 흐름이 어디로 향할지 아무도 모른다고 말한다. 초인이 되기 위한 자아실현은 어느 한순간에 이루어지지 않는다. 마흔에게 성공이란 '무엇을 달성했느냐'가 아니라 '얼마만큼 성장했느냐'에 달려 있다. 삶에는 영원한 상승도 영원한 하강도 없다. 그러므로 자신에게 맞는 인생의 속도로 나아가면 된다.

행복은 천천히 그리고 느리게 온다는 사실을 잊지 마라

니체는 《인간적인 너무나 인간적인 II》에서 "다른 사람의 경우 발이 빠른 시간과 항상 옆에서 나란히 가기에는 너무 느리게 걷는 일종의 계단의 행복을 가지는 일도 있다"라고 말한다. 니체는 '계단의 행복'을 기지와 기회의 관계에 비유한다. 많은 사람이 기회를 잡기 위해 많은 지혜를 쌓지만, 기회는 이미 문을 빠져나가 버렸다는 것이다. 기회와 보조를 맞추지 못한 기지는 아직도 계단에 서 있는데 말이다.

기회처럼 시간도 우리가 행복을 느낄 겨를도 없이 너무나 빨리 지나가 버린다. 그런데도 긴긴 삶의 여정에서 우리는 현재 이 순간이 가장 행복하다는 것을 느끼지 못한다. 오랜 시간이 지난 후에야 그때가 내 삶에서 가장 행복했다는 사실을 뒤늦게 깨닫는다. 지금 이 순간이 불행하게 보일지라도 그것은 착각일 뿐이다. 단지 올라갈 계단이 더 남아 있을 뿐이다. 잘되는 일이 없고 삶이 불공평하다고 느껴질지라도 주저앉지 말고 버텨 내자. 누구에게나 인생의 기회가 세 번이나 찾아온다는 말이 있다. 마흔에게는 앞으로도 두 번의 기회가 남아 있다.

니체는 《인간적인 너무나 인간적인 Ⅱ》에서 "삶의 진정한 단계는 지배적인 사상이나 감정이 상승하고 하강하는 사이의 중간에서 잠시 동안 정지하는 시간이다. 여기에 다시 한 번 충족이 나타난다"라고 말한다. 고대 그리스의 회의론자들은 '판단 중지'라는 의미로 에포케epoche라는 용어를 사용했다. 에포케는 원래 '멈춤' 또는 '무엇인가를 하지 않고 그대로 둠'을 의미한다.

잠시 멈춤, 지금 이 순간에 머물러라.

니체가 말한 상승과 하강 사이의 한가운데에 위치하는 그 짧은 정지의 시간에 바로 에포케가 필요하다. 다시 말해 상승에서 하강으로, 하강에서 상승으로 전환될 때 우리가 취해야 할 행동은 판단을 보류하는 것이다.

지금까지 승승장구하면서 상승 구간에 있었다고 자만해서는 안 된다. 또한 바닥을 향해 하강하고 있다고 해서 좌절할 필요도 없다. 앞으로 삶이 어떻게 흘러갈지 섣부른 판단을 보류할 시간이다. 미래에 좋을지 아니면 나쁠지, 행복할지 아니면 불행할지를 스스로 판단하지 말라는 것이다.

마흔의 우리는 다시 한 번 상승을 위해 숨을 고를 시간이 필요하다. 니체가 말한 대로 잠시 동안 정지의 시간을 갖는다면, 마흔은 인생을 변화할 수 있는 전환점이 될 수 있다. 우리는 마흔이 되고 나서야 비로소 삶의 진정한 단계에 오를 준비가 된 것이다. 마흔이라는 인생의 전환점은 다시 한 번 치고 올라갈 수 있는 기회가 될 것이다.

진정한 삶으로 향하는 길을 걷다 넘어졌을 때, 우리는 가장 먼저 무엇을 해야 한다고 생각하는가? 먼저 넘어진 나를 추월해서 달리고 있는 사람들에게 뒤처지지 않기 위해 재빨리 다시 일어서는 것이라고 답하겠는가? 그렇다면 남들보다 뒤처졌다는 생각이 감당하기 힘들 만큼 두려워서일 것이다. 하지만 넘어진 김에 나 자신을 내려놓고 충분한 휴식 시간을 갖는 것도 중요하다. 우리가 겪었거나 앞으로 겪게 될 크고 작은 수많은 시련 앞에서 온전할 수 있기 위해 자신의 상처를 치유할 시간이 필요하다. 충분한 휴식은 중년을 괴롭히는 우울증에서 벗어날 수 있는 가장 좋은 방법이다. 밑바닥까지 내려갔을 때 가장 먼저 필요한 것은 스스로에게 새로운 길을 제시해 주는 것이다. 인생의 전환점에서 인생은 속력이 중요한 게 아니라 나만의 방향을 찾는 것이 중요하다는 사실을 염두에 두어야 한다.

ℓ

경멸과 몰락, 인생의 하강과 막다른 길은
변화의 성장통이다.

06

이미
정해진 것은 없다

· 우연과 필연 ·

우리는 두 개의 영역, 즉 목적과 의지의 영역과 우연의 영역을
믿는 것에 익숙해져 있다. 우연의 영역에서는 모든 것이 무의미
하게 진행된다. 어떤 것이 일어나고 사라지든 아무도 그 이유와
목적을 말할 수 없다. 우리는 이 거대한 우주적인 어리석음이
지배하는 강력한 영역을 두려워한다. 대부분의 경우 우리는 이
러한 세계가 지붕에서 벽돌이 떨어지듯이 다른 세계, 즉 목적과
의도의 세계 속으로 떨어져 들어와 우리가 지닌 아름다운 모든
목적을 분쇄해 버리고 만다는 사실을 알고 있기 때문이다.

《아침놀》

니체는 우리가 두 가지의 영역을 믿는 데에 익숙하다고 말한

다. 하나는 목적과 의지의 영역이고, 다른 하나는 우연의 영역이다. 우연의 영역에서 일어나는 모든 일은 아무런 의미 없이 진행된다. 아무도 그 사건이 일어난 이유와 목적을 알 수 없다. 그래서 니체는 "우리는 이 거대한 우주적인 어리석음이 지배하는 강력한 영역을 두려워한다"라고 말한다. 왜냐하면 갑자기 지붕에서 벽돌이 떨어지듯이 우연한 사건이 우리의 목적과 의도의 세계로 떨어져 들어와 우리 삶의 아름다운 모든 목적을 없애 버리기 때문이다. 이것이 우연이 필연이 되는 순간이다.

우연한 만남이었지만, 니체의 삶을 송두리째 바꾼 몇 가지 중대한 사건이 있었다.

니체의 인생을 바꾼 세 가지 사건

라이프치히대학 리츨 교수와의 만남으로 고전 문헌학 교수가 된 것

니체는 라이프치히대학에서 고전 문헌학의 선구자였던 테오도르 리츨 교수의 지도하에 고전 문헌학을 공부했다. 리츨 교수는 박사 학위도 없는 니체에게 바젤대학에서 그리스어와 문학을 강의하도록 추천했다. 또한 니체는 리츨 교수의 소개로 당대 최고의 음악가로 명성을 떨친 바그너를 만나는 행운을 누렸다.

우연히 쇼펜하우어의 《의지와 표상으로서의 자유》를 발견한 것

젊은 시절 니체는 아주 고통스럽고 불안한 삶을 이어 갔다. 니체는 그 당시 '인간은 왜 이 세상을 고통스러운 운명으로 살 수밖에 없을까'라는 숙명적인 질문에 대한 답을 찾고 있었는지도 모른다. 그때 니체의 삶에 운명과도 같은 철학적 스승을 만나는 일이 생긴다. 라이프치히대학에 다니던 1865년 10월 어느 날, 니체는 한 고서점에서 쇼펜하우어의 주저 《의지와 표상으로서의 세계》를 우연히 발견한다.

그는 원래 책을 성급하게 구매하지 않았다. 그런데 그날은 이 낯선 책을 몇 페이지 넘겼을 때 어떤 악마가 그의 귀에 대고 '이 책을 빨리 사서 데려가라'며 속삭였다. 니체는 쇼펜하우어의 책을 사서 집에 오자마자 2주 동안 밤잠을 설쳐 가며 탐독했고 결국 쇼펜하우어의 사상에 빠져들었다. 니체는 쇼펜하우어의 책이 마치 자신을 위해 쓰여진 것처럼 느껴졌다고 말한다. 아무런 신념과 희망도 없이 무기력하고 실망감만 가득한 삶에서 갈피를 못 잡고 있던 니체에게 쇼펜하우어의 철학은 위안이 되었다. 결국 니체는 쇼펜하우어와의 우연하고도 운명적인 만남으로 고전 문헌학자가 아닌 철학자의 길로 들어섰다.

루 살로메와의 만남과 사랑 그리고 처절한 상실

니체는 친구 파울 레의 소개로 루 살로메와 만났다. 니체는 루 살로메를 처음 만났을 때 "우리는 어느 별에서 와서 서로 우연히 만나게 되었습니까?"라고 말했다. 니체는 그녀를 사랑했고, 레에게 루 살로메에게 청혼할 테니 도와 달라고 부탁했다. 하지만 그녀는 니체가 한 두 번의 청혼을 모두 거절했다.

친구 사이가 된 루 살로메와 니체, 그리고 레 세 사람은 함께 공부하려는 계획을 세우고 루체른으로 여행을 떠났다. 니체는 여행 기간 동안 루 살로메와 자신의 철학에 대해 이야기를 나누었다. 그는 처음으로 자신의 철학을 완전히 이해한 사람을 만났다는 사실에 너무 기뻤다. 그녀가 자신의 유일한 철학 제자라고 생각했다. 하지만 루 살로메와 니체의 여동생 엘리자베트와의 불화로 인해 루 살로메는 레와 함께 베를린으로 떠났다. 니체는 외롭게 이탈리아로 돌아왔다. 그는 이 일로 인해 심한 우울증과 자살에 대한 충동, 끔찍한 괴로움에 빠졌다. 그리고 이러한 절망감에 빠진 상태에서 그의 주저 《차라투스트라는 이렇게 말했다》가 탄생했다.

주사위가 던져진 그 순간순간이 우리의 인생

인생은 우연한 사건의 연속이다. 그래서 삶이 우리에게 주는 감정은 기본적으로 편안함이 아니라 불안감이다. 우리는 노력한 만큼 원하는 바를 얻을 수 있다고 배웠다. 대체로 노력과 결과 사이에는 인과 관계가 성립하지만 삶이 늘 인과 관계가 맞아떨어지지는 않는다. 언제나 의외의 변수가 존재한다. 그래서 최선을 다해 노력했지만 기대한 결과가 나오지 않아 실망감에 빠지는 날이 많아진다. 그렇게 나이를 먹으면 '이 정도면 되겠지' 하며 현실과 타협하게 된다. 어느덧 실제 나의 삶은 내가 원하던 나의 모습과 거리가 멀어진다. 그렇다면 우리는 어떻게 우연을 긍정하여 필연으로 만들 수 있을까?

아무리 사소한 것, 사소한 만남이라도 놓치지 마라

시간이 흐른 뒤 과거에 일어났던 우연한 일들을 돌아보면 아무리 사소한 것, 사소한 만남이라도 소중한 것임을 깨닫게 된다. 작은 변화가 모여 운명이 된다. 작은 행복에 감사해하는 사람에게 더 큰 행복이 찾아오는 법이다. 일상생활에서 아주 사소하다고 넘겨 버리는 것들이 인생을 아름답게 만든다.

니체에게는 삶이 가장 밑바닥까지 추락한 최악의 상황에 우연성의 거대한 힘이 움직였다. 바젤대학 교수로 지낸 시간, 쇼펜하우어의 책을 고서점에서 우연히 만난 순간, 바그너와의 만남과 결별, 루 살로메에게 외면받은 사랑 등의 우연은 니체가 필연적인 삶, 즉 진정한 철학자의 삶을 걷도록 만들었다.

우연을 두려워하지 말고 받아들여라

니체는《차라투스트라는 이렇게 말했다》에서 우연과 필연의 문제를 '주사위 놀이'에 비유한다. 니체는 우리의 삶은 신성한 우연을 위한 무도장이며, 신성한 주사위와 주사위 놀이 하는 자들을 위한 신들의 탁자라고 말한다.

니체 철학을 가장 잘 연구한 프랑스 철학자 질 들뢰즈는《니체와 철학》에서 주사위 놀이에서의 두 순간을 말한다. 그는 니체의 주사위 던지기를 대지와 하늘 위에서 일어나는 것으로 묘사한다. 대지는 사람들이 주사위를 던지는 곳이고 하늘은 사람들이 던진 주사위가 뒤집히는 곳이다. 사람들이 한 번 던지는 주사위는 우연의 긍정이고, 그것들이 떨어지면서 형성하는 조합은 필연의 긍정이라는 것이다. 다시 말해 필연은 우연을 긍정할 때 그 우연에 의해서 긍정된다.

사람들이 하늘로 던진 주사위는 땅에 떨어지기 전까지 어떤 눈이든 나올 수 있다. 또한 6이라는 숫자를 원한다고 해서 꼭 주사위의 눈이 6이 나오게 할 수 없다. 즉 사람들이 던진 주사위가 뒤집히는 하늘은 우연의 영역이다. 그리고 주사위가 떨어져 1부터 6까지 하나의 숫자가 반드시 나올 수밖에 없는 대지는 필연의 영역이다.

니체가 삶을 주사위 놀이에 비유한 까닭은 끊임없이 반복되는 주사위 놀이가 우리의 삶과 닮았기 때문이다. 주사위 던지기의 불확실성은 예측할 수 없는 우리의 운명과도 같다. 결국 니체는 예측할 수 없는 일련의 우연한 사건을 두려워하지만 말고 자신의 운명으로 받아들이라고 말한다.

일단 나아가라 그리고 때를 기다려라

우리의 인생은 한 치 앞도 예상할 수 없어서 불안하지만, 삶의 순간순간에 내딛는 매 발걸음은 중요하다. 삶이 반복되는 주사위 놀이라면 주사위가 던져진 그 순간순간이 나의 운명이고 인생이다. 중요한 건 탁자 위에 떨어진 주사위의 숫자가 아니라 일단 주사위를 하늘을 향해 던지는 주사위 놀이 자체이다. 우연을 필연으로 만들기 위해서는 일단 주사위를 던져야 한다. 그리고 때를 기다려야 한다.

마흔의 누구에게나 지금까지 주사위를 던질 몇 번의 기회가 있었다. 자신이 원하는 숫자가 나오지 않아 실망한 날이 더 많았을 것이다. 하지만 비록 원했던 숫자가 나오지 않더라도 지금까지의 삶을 긍정할 수 있어야 한다. 운명처럼 느껴지는 모든 일은 우리 스스로 만든 것이다. 우리의 생각이 현실로 나타난 것이다. 쓸데없이 최악의 상황을 생각한다면 결국 불행은 찾아오기 마련이다. 우리는 무심결에 불운을 직접 끌어당기고 있다.

로마 공화정 말기의 뛰어난 정치가였던 율리우스 카이사르가 루비콘강을 건너며 "주사위는 던져졌다"라고 말했다. 이 말은 자신의 운명을 거부하지 않고 긍정하고 받아들이는 적극적인 태도이다.

    누구나 행복해질 권리가 있지만 온전한 행복을 누리는 사람은 극히 드물다. 세상살이는 참으로 녹록지 않다. 살다 보면 불행이 닥쳐 곤경에 빠지기도 한다. 이때 불운을 대하는 태도가 중요하다. 인생에서 시련과 고통은 피할 수 없다. 사람들 대부분은 고난이 닥쳤을 때 한숨만 쉬고 타인을 원망하거나 자신의 불운을 탓한다. 초인을 꿈꾸는 사람이라면 운명을 지배하는 힘을 갖고 적극적으로 어려움을 극복해야 한다. 우리는 거대한 우연이라는 사건과 맞서야 하는 필연적 존재이다. 피할 수 없으면 즐겨야 한다. 반복해서 주사위를 던진다면 언젠가는 정말로 자신이 원했던 숫자가 나올지도 모른다. 아무도 자신의 때가 언제 올지 알 수 없다. 그것이 우리의 인생이기에 살 만한 가치가 있는 것은 아닐까.

ℓ

긍정은 우연을 필연으로 만드는
강력한 에너지이다.

3장

어떻게 인생을
여행할 것인가

니체의 자극제

01

너는 네 삶의
주인이 되어야 한다

· 자유정신 ·

너는 너의 주인이며 동시에 네 자신의 미덕의 주인이 되어야만
했다. 과거에는 미덕이 너의 주인이었다. 그러나 그 미덕은 다
른 도구들과 마찬가지로, 오로지 너의 도구여야 한다.

《인간적인 너무나 인간적인》

니체는 1878년에 《인간적인 너무나 인간적인 Ⅰ》에 "자유정신
을 위한 책"이라는 부제를 붙여 출간한다. 이 작품은 니체가 각
장에 번호를 매겨 잠언 형식의 아포리즘 문체로 쓴 첫 번째 작
품이다. 니체는 자서전에서 《인간적인 너무나 인간적인》은 어
떤 위기의 기념비라고 말한다.

니체는 그 당시 두 가지의 삶의 위기에 처했다. 하나는 지난

10년간 무의미했던 바젤대학 고전 문헌학 교수로서의 생활로 건강이 나빠진 것, 또 다른 하나는 바그너와의 이별이었다. 니체는 젊은 시절부터 바그너의 음악이 없었다면 견디기 어려웠다고 고백할 만큼 그에게 의존했지만, 그런 바그너와 사상적 차이로 결별해야 했다. 《인간적인 너무나 인간적인》은 니체가 이렇게 자유정신을 찾아 떠났던 악조건에서 출간된 것이다.

니체는 그의 자서전 《이 사람을 보라》에서 삶에서 결정적인 위기를 느낀 것은 총체적으로 길을 잃고 있다는 본능적인 생각 때문이었다고 말한다. 바그너와의 절교나 바젤대학의 교수직 같은 실책은 단지 길을 잃었다는 징조에 불과했다. 교수라는 직업과 마취제와도 같은 바그너의 예술은 이제 더 이상 그를 만족시킬 수 없었다. 니체는 삶의 길을 잃고 방황하고 있는 바로 지금이 다시 "내 정신으로" 돌아올 절호의 시기라고 생각했다. 비록 당시의 니체는 질병으로 건강하지 못했지만, 오히려 그는 자신의 병이 잃어버린 길을 되찾게 해 주었다고 한다.

니체는 "《인간적인 너무나 인간적인》을 통해 내 본성에 속하지 않는 것들에서 나를 해방시켰던 것이다. 내게 속하지 않은 것이란 이상주의이다"라고 말한다. 니체가 여기에서 말하는 이상주의란 과거 플라톤의 형이상적 이분법과 쇼펜하우어 철학에 대한 부정, 그리고 낭만주의에 빠진 바그너의 음악과의 완전한 결별을 의미한다. 니체는 쇼펜하우어와 바그너의 그늘에서 벗어나 이제 스스로 자유정신의 소유자가 된 것이다.

1879년, 니체는 건강상의 이유로 바젤대학 교수직을 사임하고 그때부터 자신만의 철학을 찾기 위한 방랑 생활을 시작한다. 그렇다면 니체가 말한 자유정신이란 무엇일까? 니체는《인간적인 너무나 인간적인》의 서문에서 자유정신의 원형이 완전하게 발전해 가는 과정을 네 단계로 설명한다.

자유정신을 찾기 위한 과정

1단계: 사막처럼 황량한 시험기

첫 번째 단계에서 자유정신은 자기를 가장 단단히 묶고 가장 지속적으로 의무를 느끼게 만든 것에서 벗어나고 싶은 충동을 느낀다. 그는 미지의 세계를 향한 격렬하고 모험적인 호기심으로 불타올라 "여기에서 사느니 차라리 죽어 버리겠다"라고 단호하게 말한다. '여기'는 지금까지 자기가 사랑해 왔고 숭배해 왔던 모든 것을 의미한다.

니체는 이 단계를 '최초의 승리', '최초의 폭발', '자유로운 의지를 향한 의지'라고 표현한다. 이러한 승리에는 아픔과 고통이 따른다. 그는 사막에 있는 듯 불안정하게 정처 없이 떠돌고만 있다. 고독이 그를 겹겹이 에워싸며 목을 조르고 심장을 짓누른다. 그는 자신의 방황에 더욱 위험한 호기심의 의문 부호가 붙는다.

'모든 가치를 뒤집을 수는 없을까?'

'아마도 선은 악이 아닐까?'

'신은 악마의 발명품일 뿐이거나 악마를 더욱 고상하게 만들어 놓은 것은 아닐까?'

'궁극적으로 모든 것은 허위가 아닐까?'

'우리가 속았다면 바로 그 때문에 우리는 동시에 속이는 자가 아닐까?'

'우리는 속이는 사람이 되어야만 하지 않을까?'

2단계: 강인한 건강을 향한 의지에 지배되는 긴 회복기

자유정신은 이러한 황량한 사막의 병적인 고립 상태에서 벗어났지만, 성숙한 자유정신에 이르는 길은 아직 멀다. 그 길에 이르기까지 긴 회복기에 놓여 있다. 이제 사람들은 사랑과 증오의 속박에서 벗어나 아무런 긍정도 부정도 하지 않는 사람으로 변하게 된다. 니체는 그 시간을 강인한 '건강에의 의지'에 지배되고 규제되는 시간이라고 말한다.

3단계: 잊고 있었던 자기 자신을 바라보는 성숙기

이제 한 단계 나아간 자유정신은 천천히, 거의 반항적으로,

거의 의심하듯이 다시 삶에 다가간다. 자유정신의 수변은 추운 겨울을 보내고 포근한 봄이 오듯 다시 따뜻해지고 노란빛을 띤다. 이제야 그는 비로소 자신의 주변을 볼 수 있는 눈을 갖게 되고 자신이 어디에 있었는지 깨닫게 된다. 또한 친근하고 가까운 것들이 달라 보이기 시작한다.

드디어 자유정신이 힘을 발휘할 때가 온 것이다. 자유정신으로 한 걸음 다가간 그는 그동안 잊고 있었던 자기 자신을 바라본다. 이제야 그는 자기 자신이 발견한 많은 것에 대해 놀란다. 연약하고 우둔한 게으름뱅이처럼 언제나 익숙했던 것들에 머물러 있지 않았던 자기 자신이 무척이나 자랑스럽다. 설령 오랜 질병과 피로감으로 고통에 싸여 있고, 그 병이 재발할 수 있는 상황이지만, 삶을 향하여 다시 반쯤 몸을 돌린 그는 감사하는 마음으로 하루를 보낸다.

니체는 이러한 자유정신의 기질은 모든 것을 비관적으로 바라보는 모든 염세주의에 대한 근본적인 치료법이라고 말한다. 마치 병에 걸려 한동안 앓고 난 후에 더 오랫동안 건강하듯이 자유정신에 들어 있는 삶의 지혜는 건강을 위한 약을 처방하는 것과 같다.

4단계: 자유정신이 삶의 주인이 되는 완성기

이 시기에 이르러 자유정신은 드디어 그 위대한 해방의 수수

께끼에 대한 해답을 찾게 된다. 그것은 바로 "너는 너의 주인이며 동시에 네 자신의 미덕의 주인이 되어야만 했다"라는 것이다. 과거에는 미덕이 주인이었지만, 이제 미덕은 오로지 도구로써만 의미가 있다.

지금까지는 '네 이웃을 사랑하라', '겸손하라', '거짓말하지 마라' 등의 미덕이 절대적 가치로서 나의 주인이었다. 이제 니체는 서구의 전통적인 형이상학과 기독교 교리의 밑바탕이 된 초월적인 가치들의 절대성을 부정한다. 모든 가치 평가의 기준은 자기 자신이어야 한다. 니체는 미덕이 자기 자신의 관점에서 볼 때 옳을 수도, 그를 수도 있다는 상대주의 입장을 취한다. 니체는 "너는 모든 가치 평가에서 관점주의적인 것을 터득해야만 했다"라고 말한다. 니체가 말한 관점주의란 자기 삶의 방식과 관점에 따라 다르게 인식하는 것을 말한다.

니체는 《이 사람을 보라》에서 "자유정신은 스스로 자기 자신을 다시 소유하는 자유롭게 된 정신인 것이다"라고 말한다. 이제 자유정신은 자기 자신이 미덕의 주인이 되어 완전하고 성숙해져 단맛을 낼 수 있는 정신이 되었다. 그동안 젊은 영혼은 자신을 묶어 왔던 귀퉁이와 기둥의 속박에서 벗어나게 된 결정적인 사건들을 겪었다. 그는 이전에는 그런 삶을 보잘것없고 비천하게 보았지만, 이제 삶 그 자체를 모든 가치 평가의 규범으로 보게 되었다.

니체는 《인간적인 너무나 인간적인 Ⅰ》에서 이렇게 말한다.

"이제 자유정신은 어떤 '너는 해야 한다'에 자신이 복종해 왔는지, 그리고 이제 무엇을 할 수 있는지, 비로소 무엇을 해도 좋은지를 알고 있다. 그러니 그만 이것으로 충분하다."

그런데 니체에 따르면 이러한 자유정신은 현재 존재하지 않으며 과거에도 존재했던 적이 없다. 단지 그가 일찍이 필요에 의해 자유정신들을 고안해 낸 것이다. 니체는 자신이 질병과 고독 등 나쁜 상황에 시달릴 때 좋은 기분을 유지하기 위해서 자유정신이 친구 대신 동반자로 필요했다고 고백한다.

누구나 젊은 시절에는 삶의 주인공이 되어 무언가 대단한 일을 해내고 싶어 한다. 하지만 시간이 흐를수록 해결되지 않은 문제들에 둘러싸여 현실에만 마음을 빼앗기고 만다. '어떻게 좋은 사람과 결혼할 수 있을까?', '어떻게 더 좋은 직장에 취직할 수 있을까?', '어디에 투자해야 대박이 날까?', '어떻게 해야 살을 뺄 수 있을까?' 같은 현실적인 문제에 매몰된 채 남들을 따라 이리저리 흔들리는 삶을 살고 있다.

왜 그럴까? 그 이유는 삶에 위기가 찾아왔기 때문이다. 인생을 살다 보면 예상하지 못한 위기의 상황에 이를 수 있다. 삶의 전부라고 믿었던 것들, 그것이 아니면 절대로 안 된다고 생각했던 것들이 사라져 버린다면 우리는 절망하지 않을 수 없다. 하

지금까지 나의 삶에 전부라고 생각했던 것,
나를 지배했던 초월적인 가치에 의문을 던져라.

지만 위기는 기회의 또 다른 모습이다. 길을 잃었다고 느꼈을 때가 바로 익숙한 상황에 작별을 고할 때이다. 그때에 맞추어 우리 자신도 변화해야 한다. 닫힌 문을 뒤로한 채 자신만의 새로운 철학 세계로 문을 연 니체처럼 평범한 일상에 의문을 던져보자. 자유정신은 일상에 의문을 던짐으로써 얻을 수 있는 것이기 때문이다. 그때야 비로소 인생의 터닝 포인트를 만나게 될 것이다.

l

이제 삶의 한가운데에서
인생의 근본적인 질문을 마주할 때가 되었다.
'과연 무엇이 나를 살게 하는가?'
'어떻게 해야 불만족스러운 삶과 이별을 할 수 있는가?'
'어떻게 해야 내 삶의 기준을 찾을 수 있는가?'

02

고결한
귀족이 되어라

· 거리의 파토스 ·

고귀한 종류의 인간은 자신을 가치를 규정하는 자라고 느끼기 때문에 타인에게 인정받는 것을 필요로 하지 않는다. 그는 "나에게 해로운 것은 그 자체로 해롭다"라고 판단하면서 자신을 사물들에게 처음으로 가치를 부여하는 자로서 인식한다. 그는 가치를 창조하는 자인 것이다.

《선악의 저편》

중국 전국 시대의 사상가이자 철학자 장주의 《장자》 첫 번째 〈소요유〉 편은 곤鯤이라는 거대한 물고기가 붕鵬이라는 거대한 새로 변하는 이야기로 시작한다.

북쪽의 깊은 바다에 몇 천 리나 되는지 모르는 곤이라는 물고

기가 살고 있었다. 물고기는 나중에 등의 길이가 몇 천 리인지 알 수 없을 만큼 거대한 새로 변한다. 이 붕새가 힘껏 날개를 펼쳐 날아오르면 마치 하늘을 드리운 구름과 같았다. 구만리 창공에 오른 붕새는 푸른 하늘을 등에 지고 큰 바람을 타고 거침없이 남쪽으로 날아간다. 매미와 새끼 비둘기는 그런 붕새를 보고 함께 비웃는다. 매미나 새끼 비둘기는 기껏해야 느릅나무나 박달나무 위에나 올라갈 뿐이거나 때로는 거기에도 못 미치고 땅에 떨어지고 마는데, 무엇 때문에 붕새가 구만리를 날아 남쪽으로 갔는지 그들은 이해할 수 없다.

장자는 이 이야기를 통해 "지식이 짧은 사람은 박식한 사람의 세계에 미치지 못하고, 수명이 짧은 것은 장수하는 것의 경지에 미치지 못한다"라고 말한다. 즉 매미와 새끼 비둘기 같은 평범한 인간은 도저히 거대한 세계를 지향하는 붕새 같은 고귀한 존재를 이해하지 못한다. 이 거대한 붕새 이야기는 니체가 말한 '고귀한 인간'과 상통하는 면이 있다.

고귀한 인간의 면모

니체의 작품 《선악의 저편》 마지막 장의 제목은 〈고귀함이란 무엇인가?〉이다. 고귀함이란 일반적으로 훌륭하고 지체가 높은 귀한 인간에게 쓰는 말이다. 니체는 자신의 철학에서 인간의 유형을 '주인과 노예', '강자와 약자', '지배자와 피지배자', '건강한 자와 병든 자', '초인과 인간 말종' 등 이분법으로 나눈다. 니체의 표현대로라면 '고귀한 자'는 '비천한 자'와 대립하는 개념으로 볼 수 있다. 그래서 니체는 고귀한 인간을 '주인', '강자', '지배자', '건강한 자', '귀족적 인간'으로 표현한다.

그렇다면 '고귀함'은 오늘날 우리에게 무엇을 의미할까? 건강한 자아상, 즉 건강한 자존감이라고 할 수 있다. 자존감이란 자신을 스스로 가치 있는 존재로 생각하는 감정을 의미한다. 결국 니체가 말한 고귀한 인간이란 건강한 자존감을 소유한 인간이라고 할 수 있다. 니체는 고귀한 인간의 특징에 대해 다음과 같이 이야기한다.

고귀한 인간은 자기 자신에 외경심을 가지고 있다

《선악의 저편》에서 니체는 "고귀함이란 무엇인가?", "고귀한 인간은 무엇에 의해서 드러나고 인식될 수 있는가?"라고 묻는다. 니체는 어떤 인간이 고귀한 사람임을 증명하는 것은 행위가 아니라고 말한다. 왜냐하면 행위는 언제나 여러 가지로 해석될 수 있기 때문이다. 그렇다고 해서 예술가나 학자의 작품이 고귀함을 입증하는 것도 아니라고 말한다. 왜냐하면 그들이 작품을 통해서 드러낸 고귀함을 향한 욕구는 바로 고귀한 영혼이 결핍되었음을 말해 주는 위험한 징표이기 때문이다.

니체는 고귀한 인간임을 결정하는 것은 고귀한 영혼이 자기 자신에게 갖는 어떤 근본적인 확신, 즉 믿음에 있다고 말한다. 고귀한 인간은 타인의 인정을 받으려는 생각을 하기보다 자기 자신을 먼저 인정한다. 다시 말해 고귀한 인간은 지금의 나를 있는 그대로 존중한다. 자기 자신에게 외경심을 갖는 것이 자존감을 높이는 가장 좋은 방법이다.

하지만 자존감이 낮은 사람은 자기 자신을 존중하지 않는다. 그들은 자신의 외모나 성격 등에 불만이 많고 스스로 행복하지 않다고 생각한다. 나를 가장 존중하고 인정해야 하는 존재는 바로 나 자신인 것을 모른 채 자기혐오와 자기 비난을 일삼는다.

고귀한 인간은 허영심을 싫어한다

고귀한 인간은 자신에게 외경심을 가지고 싶어 하는 반면에 허영심은 떨치고 싶어 한다. 허영심은 실속이 없이 겉모습만 반지르르하고 자기 분수에 넘치게 사는 사람이 가지는 마음이다. 허영심은 자기 자신을 속이는 것이다. 자신이 훌륭한 인간이라는 평판을 들을 자격이 없다는 것을 뻔히 알면서도 스스로 만들어 낸 좋은 평판을 믿어 버린다. 고귀한 인간은 허영심에 가득 찬 인간을 이해하기 힘들어한다.

반면에 자존감이 낮은 사람 중에는 과시하려는 마음에 허영을 부리는 사람이 많다. 예를 들면 카드 빚에 시달리면서도 명품만 고집하거나, 자신의 재력에 넘치는 비싼 슈퍼 카나 고급 주택을 구매하는 경우이다. 이렇게 허영심을 버리지 못하는 까닭은 자신의 삶을 스스로 긍정하지 못하기 때문이다.

　사람은 누구나 본능적으로 타인으로부터 자신의 가치를 인정받고 싶어 한다. 고귀한 인간처럼 자존감이 높은 사람도 타인이 자신을 좋게 평가할 때 기쁨을 느낀다. 니체는 이것은 결코 허영심이 아니라고 말한다. 왜냐하면 고귀한 인간은 스스로 자신의 가치를 부여하기 때문이다. 그들은 모든 삶이 자신을 중심으로 돌아가기 때문에 성공을 하면 기쁘고, 실패해도 스스로 책임을 지면 그만이라고 생각한다.

　하지만 자존감이 낮은 사람은 자신에 대한 세상의 평판에 온통 귀를 기울인다. 니체는 이러한 사람을 "즉각 그 평판 앞에 무릎을 꿇는 노예"라고 지적한다. 허영심에 사로잡힌 인간은 모든 좋은 평판에 기뻐하며 모든 나쁜 평판에 괴로워한다. 결국 자존감이 낮은 사람은 타인의 기대에 맞추어 살기 때문에 실패에 대한 원망과 증오의 화살을 타인에게 날린다.

고귀한 인간은 자신의 이기심을 당연한 것으로 받아들인다

　《선악의 저편》에서 니체는 '이기심'은 고귀한 영혼의 본질에 속한다고 말한다. 이기심은 나에게 다른 인간들이 당연히 복종해야 하고 자신을 바쳐야만 한다는 확고한 믿음을 말한다. 자존감이 높은 사람은 세상이 자기를 중심으로 돌아간다고 생각한다. 그래서 고귀한 인간은 대체로 '위'를 올려다보는 것을 좋아하지 않는다. 그는 자신이 높은 곳에 있음을 알기 때문이다. 하지만 고귀한 인간은 타인도 자신과 동등한 권리를 가졌다는 것을 인정한다. 니체는 이러한 섬세함과 자기 제한은 고귀한 인간의 이기심의 또 다른 면이라고 말한다.

중요한 것은 니체가 여기에서 말한 이기심이 자신의 잇속만 챙기는 편협한 마음이 아니라 '건강한 이기심'이라는 사실이다. 건강한 이기심은 자기 자신에 대한 사랑을 표현하는 방식이다. 자존감이 높은 사람은 불필요한 인간관계를 맺으면서까지 남의 기준에 맞추어 살지 않는다. 고귀한 인간은 자신의 생각을 당당하고 소신 있게 표현하기 때문에 건강한 인간관계를 유지할 수 있다.

니체는 《차라투스트라는 이렇게 말했다》에서 이렇게 말한다. "그리고 그때 이런 일도 일어났으니 그가 말로써 이기심을, 힘찬 영혼에서 솟아오르는 건전하며 건강한 이기심을 복된 것으로 찬양한 것이다. 진정, 처음으로!"

그렇다면 우리는 어떻게 해야 니체가 말한 '고귀한 인간'이 될 수 있을까? 인생의 절반쯤 살아온 지금 어떻게 해야 낮아진 자존김을 회복할 수 있을까?

자신의 가치를 창조하는 고귀한 인간이 되어라

고귀한 인간이 될 수 있는 첫 번째 방법으로 니체는 '깊은 고뇌'를 겪어 보라고 말한다. "인간은 얼마나 깊이 고뇌할 수 있는가에 따라 등급이 정해진다"라는 것이다. 깊은 고뇌를 겪은 사람은 자신이 겪은 고뇌 덕분에 가장 현명하다고 큰소리치는 인간보다 더 많은 것을 알게 된다.

고귀한 인간이 될 수 있는 두 번째 방법으로 니체는 《선악의 저편》에서 '거리의 파토스Pathos der Distanz' 개념을 제시한다.

"지배 계급이 신분들 사이의 차이를 뼛속까지 느끼면서 예속된 자들과 도구에 해당하는 자들을 항상 감시하고 천시하며 끊임없이 복종과 명령 그리고 억압과 배제를 연마하는 것으로부터 생기는 거리의 파토스가 없었다면, 저 다른 보다 신비한 파토스, 즉 영혼 자체 내에서 거리를 항상 새롭게 확대하려고 하는 열망, 보다 드높고 보다 희귀하며 보다 멀리 보다 넓으며 보다 포괄적인 상태를 형성하려는 열망은 전혀 생겨날 수 없었을 것이다. 요컨대 '인간'이란 유형의 향상, '인간의 끊임없는 자기 극복'은 일어날 수 없었을 것이다."

니체가 말한 거리의 파토스에서 거리란 신분 간, 계층 간의 차별을 의미한다. 거리의 파토스는 강자, 고귀한 자, 높은 계층에 속하는 자가 갖는 잠재된 차별감 또는 우월감이라고 할 수 있다. 이것은 약자, 비천한 자의 '르상티망', 즉 원한이라는 감정과 대립하는 개념이다.

니체는 《도덕의 계보》에서 "좋은 인간들"은 모든 저급한 자, 열등한 자, 범속한 자, 천민적인 자에 비해서 자기 자신과 자신의 행위를 좋은 것, 탁월한 것, 최상의 것으로 느끼고 평가한다고 말한다. 또한 그들은 거리의 파토스에서 자신의 가치를 창조하고 고귀한 자, 강한 자, 드높은 자, 고매한 자가 되었다고 말한다. 고귀한 인간은 '좋음'이라는 근본 개념을 우선 자기 자신으로부터 생각해 낸다. 그리고 그것으로부터 비로소 '나쁨'이라는 관념을 만들어 낸다. 고귀한 인간은 거리의 파토스를 통해 비천한 인간들과의 차별 속에서 자기 자신과 자신의 행위가 '좋은 것'이라고 느끼고 평가한다. 또한 고귀한 인간은 자신을 가치를 규정하는 자라고 생각한다. 그는 타인이 아닌 자신의 입장에서 모든 것을 평가한다.

고귀한 인간은 거리의 파토스로 타인과 거리를 둔 채 고독이 얼마나 강렬한 독을 가지고 있는지 알면서도 고독을 즐긴다. 더 나아가 니체는 거리의 파토스를 영혼 안에서 거리를 항상 새롭게 확대하려고 하는 열망이라고 말한다. 거리의 파토스는 현재 자신의 내면과 거리를 두는 끊임없는 자기 극복의 태도이다. 《장자》의 구만리 창공에 올라 거침없이 남쪽으로 날아간 붕새처럼 우리도 더 높이, 더 멀리, 더 폭넓게 성장하려는 열망을 가져야 할 것이다.

우리는 '거리의 파토스'로 세상이 아무리 우리를 비난하고 멸시할지라도 흔들림 없는 자존감을 유지할 수 있게 된다. 그리고 자기 자신을 극복한 완전한 인간에 이를 수 있다. 모든 것을 조망할 수 있는 고귀한 인간이 될 것인가, 아니면 일상에 매몰되어 현실에 안주한 채 살아가는 비천한 인간이 될 것인가? 마흔, 지금 남은 삶을 살아가면서 어떤 인간의 길을 걷고 있는지 판별하기 위해, 자기 스스로 살아 있는 시금석이 되어야 할 것이다.

l

남과 나를 비교하지 않고 자신의 힘을 긍정하는 것,
고귀한 마흔이 가져야 할 태도이다.

03

섬광처럼 내리치면서
자르고 분쇄하라

· 망치 ·

나는 어떤 새로운 우상도 일으켜 세우지 않는다 ; 옛 우상들은 진흙으로 만든 다리가 무엇인지 알게 될 것이다. 우상('이상'을 표현하는 내 단어)의 파괴─이것은 이미 내 작업의 일부이다. 이 상적 세계가 날조되었던 바로 그 정도만큼, 실재의 가치와 의미와 진실성은 사라져 버렸다… '참된 세계'와 '가상 세계'─사실대로 말한다면 : 날조된 세계와 실재… 이상이라는 거짓말은 이제껏 실재에 대한 저주였고, 이 거짓에 의해 인류의 가장 심층적인 본능마저도 부정직해지고 그릇되어 버려─인류는 그들의 성장과 미래와 미래에 대한 고도의 권리를 보장해 줄 수 있는 가치와는 정반대되는 가치를 숭배하기에 이르렀다.

《이 사람을 보라》

마흔의 당신에게 가장 소중한 것은 무엇인가? 어떤 사람은 평생 못다 이룬 자신의 꿈이 전부라고 말하면서 그 꿈을 추구하느라 여념이 없다. 어떤 사람은 지금 당장 먹고사는 문제 때문에 꿈보다 돈이나 명예가 삶의 최우선이라고 말한다.

이렇듯 세상을 바라보는 시선은 꿈을 추구하느냐, 현실을 추구하느냐에 따라 이상주의와 현실주의로 나눌 수 있다. 이상주의란, 현실을 무시한 채 공상적인 삶에 집중하는 태도를 말한다. 이상주의는 현실에 집중하기보다 먼 미래나 가능성에 초점을 둔다. 현실주의란, 눈에 보이는 물질적인 가치를 중요하게 생각하는 태도를 말한다. 현실주의는 지금 당장 닥친 문제에 집중한다.

이탈리아 화가이자 건축가인 라파엘로 산치오는 레오나르도 다빈치, 미켈란젤로와 함께 르네상스 예술을 꽃피운 3대 천재 예술가이다. 라파엘로의 프레스코 벽화 〈아테네 학당〉은 바티칸 박물관의 시스티나 성당에 있다. 그림 중앙에는 두 명의 고대 그리스 철학자가 서 있다. 왼쪽에 서 있는 플라톤은 손가락으로 하늘을 가리키고, 오른쪽에 서 있는 아리스토텔레스는 손바닥이 땅을 향하게 두었다. 두 사람의 손이 다른 방향을 가리키는 이유는 플라톤은 이상 세계를 중시했지만, 아리스토텔레스는 현실 세계를 중시했기 때문이다. 그래서 우리는 대체로 플라톤을 이상주의자, 아리스토텔레스를 현실주의자라고 부른다.

이러한 플라톤과 아리스토텔레스의 철학은 서양 사상의 두 기둥이라고 할 수 있다. 그렇다면 니체는 이상주의와 현실주의 가운데 어떤 삶의 태도를 취했을까?

니체는 1888년 4월 이탈리아 토리노에 있는 하숙집에 정착한다. 그는 이 시기에《바그너의 경우》,《우상의 황혼》,《안티크리스트》,《이 사람을 보라》,《니체 대 바그너》순으로 짧은 시간에 많은 작품을 쓴다. 특히《우상의 황혼》에 대해서 니체는 "이 작은 책은 중대한 선전 포고"라고 말한다. 니체는 세상에 진짜보다 우상이 너무 많다고 말한다.《우상의 황혼》의 부제가 "어떻게 망치를 들고 철학하는가"인 데에서 알 수 있듯이 니체는 망치로 우상을 파괴하려고 한다. 그래서 우리는 그를 '망치를 든 철학자'라 부른다. 니체는 기존의 철학을 '망치'로 파괴하고 새로운 철학을 시도한다.

니체는《이 사람을 보라》에서 우상이란 이상을 표현하는 말이라고 한다. 우상은 사람들이 지금까지 진리라고 믿어 왔던 이상적 세계를 의미한다. 따라서 이것은 한 시대의 우상들이 아니라 유럽인에게 큰 영향을 준 철학, 문화, 도덕, 정치, 예술 등 모든 영역의 사상을 의미한다. 그렇다면 이상을 파괴하려는 니체는 현실주의자에 가깝다고 할 수 있지 않을까? 니체가 말하는 우상이 무엇인지 구체적으로 알기 위해서는 먼저 플라톤이 주장한 이데아론을 알아야 한다.

동굴 안의 세계와 동굴 밖의 세계

플라톤의 대화편 《국가》에 나오는 '동굴의 비유'는 서양 철학사에서 가장 유명한 비유이다. 플라톤은 우리에게 지하 동굴 안에서 살고 있는 죄수들을 상상해 보라고 한다. 그들은 어린 시절부터 그곳에서 다리와 목이 쇠사슬에 묶여 있었다. 그들은 고개를 돌릴 수 없었기 때문에 얼굴이 오직 동굴 벽으로만 향해 있다. 그들의 뒤편 저 멀리, 위쪽으로부터 불빛이 그들을 비춘다. 죄수들은 그 빛이 어디에서 오는지 모른다. 그 등불과 죄수들 위쪽으로 난 길 사이에는 인형극을 위한 무대처럼 나지막하게 담이 쌓여 있다. 사람들은 그 담을 따라 돌이나 나무 등 다양한 재료로 만든 인간과 동물의 형상을 운반한다. 쇠사슬에 묶인 죄수들은 불빛에 의해 그 사람들이 걸을 때 맞은편 동굴 벽면에 비친 그림자를 실물이라고 믿는다. 죄수들은 평생 이 벽에 비친 그림자의 세계만 보았기 때문에, 그림자 이외의 다른 세계가 있다는 사실을 알지 못한다.

플라톤은 묻는다.

"그런데 만약 죄수 중 한 명이 쇠사슬을 풀고 뒤를 돌아볼 수 있다면 어떻게 될까?"

처음에는 그 불빛에 눈이 부셔 고통스러워할 것이다. 죄수가 지금까지 벽에 비친 그림자의 형상을 직접 본다면, 자신이 믿었던 실물이 사실 하찮은 것이라는 사실에 크게 당황할 것이다. 게다가 누군가가 그를 억지로 동굴 밖으로 끌어내 죄수가 햇빛 비치는 곳으로 나오게 된다면 어떻게 될까? 눈이 부시어 당장에는 아무것도 볼 수 없을 것이다. 그러다 점차 그림자, 물에 비친 사람이나 사물의 영상, 그런 후에 실물 자체를 볼 수 있다. 그리고 마지막으로 태양을 보게 될 것이다.

동굴 밖의 세계가 진정한 실재 세계임을 깨달은 죄수는 동굴 안에 있는 나머지 죄수들을 불쌍하게 생각하고 다시 동굴로 내려간다. 빛에 익숙해진 그의 눈은 어두운 동굴에서 시력을 회복하려면 시간이 꽤 걸릴 것이다. 나머지 죄수들은 그가 동굴 밖으로 나갔다 오더니 시력을 상실한 채 돌아왔다고 비웃는다. 아무리 그들에게 지금 보고 있는 것이 그림자이며 동굴 밖에 실체의 세계가 있음을 설명해도 그들은 이해하지 못할 것이다. 만약 그들의 쇠사슬을 풀어 주면서 동굴 밖으로 나가자고 한다면 그를 죽일지도 모른다.

플라톤은 이러한 동굴의 비유를 통해서 무엇을 말하고자 했을까? 플라톤은 세계를 동굴 안의 세계와 동굴 밖의 세계로 구분한다. 동굴 안의 세계는 인간의 감각으로만 아는 세계이고, 동굴 밖의 세계는 이성으로만 아는 세계이다. 플라톤에게 감각의 세계는 변화하고 상대적이며 불완전하므로 가상 세계이고, 불변하며 절대적이고 완선한 이데아만이 참된 세계라고 말한다. 우리가 눈으로 보고 귀로 듣는 것처럼 감각으로 얻은 지식은 참된 지식이 아니라 견해, 즉 독사Doxa에 불과하다고 말한다. 오로지 이성의 눈으로 볼 수 있는 지식, 즉 에피스테메Episteme만이 참된 지식이라고 할 수 있다.

망치를 든 철학자, 세계를 부수다

니체가 우상으로 규정하고 망치로 부수는 대상은 세계를 참된 세계와 가상 세계로 나누는 플라톤 철학이다. 플라톤은 가짜인 이 세계의 삶을 깔보고 부정하고 비방하기 때문이다. 또한 니체는 플라톤의 이원론을 토대로 하는 그리스도교와 칸트 철학도 데카당스로 규정하고 몰락의 대상이라고 말한다.

니체는 《우상의 황혼》에서 참된 세계인 우상이 파괴되는 과정을 6단계로 설명한다.

1단계: 플라톤의 참된 세계

현명한 자, 경건한 자, 덕 있는 자가 도달할 수 있는 이데아의 세계를 의미한다. 그는 그 안에서 살며 그가 바로 그 세계 자체다.

2단계: 그리스도교의 참된 세계

니체는 그리스도교를 대중을 위한 플라톤주의로 규정했다. 그리스도교의 참된 세계는 도달 불가능하지만 현명한 자, 경건한 자, 덕 있는 자(그리고 '회개하는 죄인')에게는 약속된 세계이다. 자신의 노력에 의해 도달할 수 있다.

3단계: 칸트의 철학

칸트는 세계를 현상계와 물자체로 이원론적으로 나눈다. 그는 생성과 소멸을 하는 현상계 너머에 물자체 내지 예지계는 우리가 알 수 없지만 도덕적 행위를 위해 믿어야 할 세계라고 했다. 이 참된 세계는 도달이 불가능하고 증명이 불가능하며 기약할 수 없는 세계이다. 감각적으로 경험할 수는 없으나 사유 가능한 세계로서 하나의 위안이며 하나의 의무이고 하나의 명령이다.

4단계: 19세기 칸트 이후 등장한 실증주의 시대

실증주의는 감각적으로 경험할 수 있는 세계만이 존재할 뿐이라고 말하기 때문에 참된 세계에 무관심하다. 참된 세계는 어떻든 도달되지 못한 세계이자 도달되지 못했기에 인식될 수도 없는 세계이다. 따라서 위안도, 보상도, 의무도 없다. 니체는 이 상황을 '여명의 어스름', '이성의 최초의 기지개'라고 표현한다.

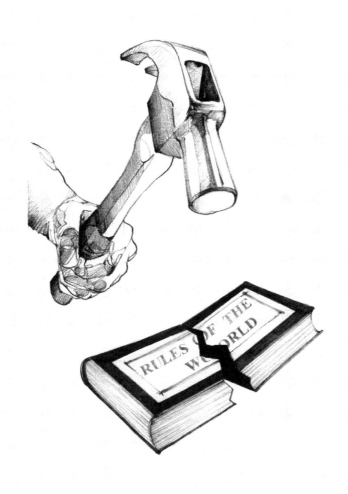

망치는 고정 관념을 허무는 용기와
새로운 것을 창조하는 힘을 준다.

5단계: 필요도 쓸모도 없어진 참된 세계

사람들이 무관심해진 결과, 참된 세계는 이제 쓸모없으며 이에 더는 의무로서 우리를 구속하지도 않는 관념이다. 불필요하게 남아돌게 된 잉여 관념, 결과적으로 논박되어 버린 관념이다. 이제 생성·변화하는 이 현상 세계, 즉 우리가 살고 있는 이세계에서 자유롭게 그럭저럭 기쁨을 느끼며 살아간다. 니체는 플라톤이 당황하여 얼굴을 붉히고 모든 자유로운 정신이 대소란을 일으킨다고 비유한다.

6단계: 완전히 제거한 참된 세계와 현상 세계

니체는 마지막 6단계에서 철학자들이 지금까지 수천 년 동안 만들어 왔던 '개념의 미라들', 즉 우상처럼 숭배해 왔던 참된 세계를 파괴해 버린다. 왜냐하면 니체는 참된 세계란 단지 가상세계에 덧붙여서 날조된 것이라고 판단했기 때문이다. 참된 세계가 이상이라는 거짓말은 이제껏 실재에 대한 저주였다는 것이다.

니체는 이제 무슨 세계가 남아 있느냐고 우리에게 물어본다. 우리는 당연히 현상의 세계인 가상 세계만 남아 있다고 대답하겠지만, 니체는 이 현상 세계마저도 제거한다. 결론적으로 니체는 6단계에 와서 현실주의자 입장으로 플라톤이 말한 참된 세계와 가상 세계의 이원론적 구분 자체를 없애 버린다. 이제 우리가 살고 있는 현실 세계만이 유일한 실재 세계가 된다.

이제 가장 그림자가 짧아지는 순간인 위대한 정오에 차라투스트라가 등장한다.

헛된 것에 미혹되지 않는 법

마흔부터는 꿈을 실현하기 위해서 실현 가능한 이상과 헛된 망상을 구별할 줄 알아야 한다. 누가 봐도 실현 불가능하고 무모한 꿈을 좇으며 얼마 남지 않은 인생을 낭비해서는 안 된다. 이상주의가 극단적으로 흘러갈 경우, 거기에서 비롯되는 헛된 망상은 자신을 가두는 감옥이 된다. 모든 근심과 걱정은 헛된 생각에서 비롯하기 때문이다. 경제적으로 어느 정도 안정이 되면 극단적인 이상주의자가 되는 경우가 있는데, 이런 사람은 현실 감각이 너무나 떨어진다. 방구석에 박혀서 지금까지 자신이 옳다고 믿었던 생각을 의심하거나 반박하지 않는다.

공허한 꿈을 니체의 쇠망치로 부수어라. 하루 종일 헛된 망상과 관념에 빠져 지내지 마라. 삶이 괴롭고 힘들더라도 끊임없이 시도하는 자만이 자신이 꿈꾸는 이상을 현실로 드러나게 할 수 있다. 허망하고 편협한 망상의 세계에서 벗어나도록 노력해야 한다.

　이상주의자는 자신의 꿈을 반드시 실현하려는 강인한 의지와 결단이 뒤따르지 않는다는 가장 큰 문제점을 안고 있다. 꿈이라는 이상이 제자리에 머물지 않고 나아갈 수 있는 동력은 무엇일까? 그것은 바로 니체의 망치이다. 이상과 현실 사이에서 방황할 때 니체의 망치는 자신이 꿈꾸는 이상을 실현해 낼 수 있는 도구이다. 니체 철학에서 망치는 과거의 것을 파괴하는 수단이자 새로운 것을 창조하는 양면의 모습을 지닌 수단이기 때문이다. 니체는《우상의 황혼》에서 다음과 같이 말한다.

　"그대들의 단단함이 섬광처럼 내리치면서 자르고 분쇄하려고 하지 않는다면 그대들은 어떻게 장차 나와 함께 창조할 수 있겠는가?"

　현실주의자는 헛된 망상에 빠진 이상주의자를 향해 현실을 직시하라고 말한다. 꿈만 꾸는 사람은 근본적으로 현실 사회에 적응하기가 힘들다. 이러한 이상주의자들은 편협한 고정 관념에서 해방될 때 어디에도 집착하지 않고 모든 것을 내려놓을 수 있다. 따라서 이상주의자는 현실주의를 약간은 받아들일 필요가 있는 것이다.

　물론 지나치게 현실적인 사람은 때로 삶을 비관적으로 바라볼 수 있다는 문제점을 지니고 있다. 특히 현실주의자가 꿈 이야기를 했을 때 주위에서 '네가 하던 일이나 해', '올라가지 못할 나무는 쳐다보지도 마'라는 말을 하면 현실주의자는 그 꿈을 쉽게 포기한다. 또한 그들은 부의 추월차선을 달리는 사람들처럼 부와 성공을 이루기 위해 애쓰다 보면 진정한 나의 바람이 무엇인지, 나는 누구인지를 잊게 된다.

돌이킬 수 없는 과거와 아직 오지 않은 미래야말로 가상의 세계이다. 우리는 과거와 미래의 쓸데없는 것에 대한 집착에서 자유로워질 때 현재 지금 여기에 충실할 수 있다. 이러한 삶이 바로 '현재를 잡아라'로 번역되는 라틴어, 카르페 디엠 Carpe Diem 이다. 과거의 안 좋은 기억이나 미래에 대한 불안감에 사로잡혀 있지 말고 살아 있는 지금 이 순간에 충실하자는 것이 현실주의자 니체의 정신이다. 고통스러운 현실이 싫어서 외면하고 먼 미래만 바라본다면 결코 지금 이 순간 사랑해야 하는 것들이 눈에 들어오지 않기 때문에 집중할 수가 없다.

$\mathcal{l}$

존재하지 않는 것에 대한 후회와 염려의 마음,
그것을 부술 수 있는 니체의 망치를 준비하자.

행복을 행복으로 만드는 것은 잊는 것이다

· 망각과 기억 ·

가장 작은 행복에서도, 또 가장 큰 행복에서도 행복을 행복으로 만드는 것은 언제나 하나이다. 잊을 수 있다는 것. 또는 학문적으로 표현한다면, 자신이 지속되는 동안 비역사적으로 느낄 수 있는 능력이 그것이다.

《반시대적 고찰 II》

나이가 들수록 지나간 일들을 하나하나 꺼내 보다가 잠 못 이루던 밤이 얼마나 많아지는가. 지난날 추억들이 한 편의 영화처럼 생생하게 그리고 선명하게 스쳐 지나간다. 과거로 여행하다 보면 잊은 줄로만 알았던 일들이 기억 어딘가에 차곡차곡 쌓여 있는 것을 깨닫고는 새삼 놀란다. 고통스러워서 잊으려 했던 비참했던 기억도, 너무나 소중해서 마음속 깊이 숨겨 둔 추억도 되살아나 현재의 삶을 붙잡는다. 그러다 잊으려고 발버둥을 쳐도 잊을 수 없는 수많은 기억의 무덤 속에 갇힌 나를 발견하곤 한다.

과거의 기억에 매여 있는 삶은 모든 것의 기준이 과거가 된다. 몸은 현재를 살면서도 마음은 과거에 살고 있는 것이다. 그것이 좋은 기억이든 아니면 좋지 않은 기억이든 거기에 구속되고 자유롭지 못하다면 우리는 자유로운 삶을 누릴 수 없다. 그렇다면 우리는 어떻게 해야 과거의 기억으로부터 자유로워질 수 있을까?

망각이라는 힘

우리는 앞서 낙타, 사자, 그리고 아이로 비유되는 초인에 이르는 정신의 세 변화를 살펴봤다. 니체는 우리가 자기 자신을 극복하고 초인이 되기 위해서는 변화의 마지막 단계인 아이처럼 살기를 권한다. 아이의 특징으로는 '순진무구함', '망각', '새로운 출발', '놀이', '스스로 도는 수레바퀴', '최초의 움직임', 그리고 '성스러운 긍정'을 들 수 있다. 특히 망각, 즉 잊어버릴 수 있는 능력은 어린아이만의 가장 큰 특징이라고 할 수 있다. 그런데 우리는 왜 아이처럼 망각할 수 있는 힘을 가져야 할까?

니체는《도덕의 계보》에서 〈약속을 지킬 수 있는 동물을 기른다는 것〉이라는 제목으로 망각과 기억에 관해 이야기한다. 여기에서 '약속을 지킬 수 있는 동물'이란 바로 인간을 의미한다. 인간은 다른 동물이나 식물과는 다르게 약속을 할 수 있고, 약속을 잘 지켜야 한다고 생각한다. 우리는 어릴 적부터 가정과 학교에서 약속은 지켜야 한다는 것을 배웠다. 그래서 약속은 지켜야 할 의무가 있다고 생각하며 약속을 지키지 못했을 때 미안한 마음과 양심의 가책 등을 느낀다. 그런데 우리가 약속을 깜빡하는 이유는 바로 망각 때문이다.

망각이란 우리가 선별하고 선택한 것만 받아들이는 능동적이고 적극적인 저지 능력이다. 니체는 망각의 과정을 육체적 소화에 비유한다. 우리가 음식을 먹고 소화할 때 수천 가지의 과정 전체를 의식하지 않듯이, 망각도 우리가 과거에 경험하고 받아들여 기억된 것들을 소화해서 의식에 떠오르지 않게 하는 과정이다. 니체는《도덕의 계보》에서 망각이 갖는 세 가지의 효용을 설명한다.

망각은 우리가 잠시 휴식할 수 있도록 한다

남들과의 경쟁에서 뒤지지 않으려면 우리는 자기 자신을 최고로 높은 이상에 도달하도록 너무나 강하게 몰아붙여야만 한다. 하지만 니체는 그럴 때마다 매번 숨이 차서 트랙 중간에 멈추어 설 수밖에 없을 거라고 말한다. 이럴 때 우리에게 꼭 필요한 것이 바로 휴식이다. 니체는 휴식은 고무하고 진정하며 밝은 정신을 유지하기 위해 꼭 필요하다고 말한다. 망각은 의식의 문과 창문을 일시적으로 닫아 버린다.

이처럼 능동적인 망각은 우리의 영혼이 질서와 안정과 예의를 유지하게 해 주는 하나의 힘이다. 망각은 영혼의 문지기이자 친구이기도 하고 건강을 관리하는 자이기도 하다. 그래서 니체는 망각할 수 있는 힘에 문제가 생긴 사람을 소화 불능 환자에 비유한다. 만약 망각하는 저지 능력에 문제가 생겨 우리의 머릿속이 수많은 쓸데없는 생각들로 가득 차게 된다면, 아마도 정신 분열증이나 편집증에 시달릴 것이다.

망각은 조형력과 함께 상처를 치유하고 성장하는 시간을 준다

트라우마는 '큰 상처'를 의미하는 라틴어 'Trauma'에서 유래했다. 트라우마는 과거에 경험한 사건, 예를 들면 어린 시절 겪은 부정적인 경험, 자동차 사고 같은 여러 가지 사고, 폭행이나 폭력 같은 다양한 사건에서 비롯된다.

많은 중년이 사랑하는 가족이나 친구의 갑작스러운 죽음, 배우자와의 별거나 이혼, 사업 실패 등 지워지지 않는 상처의 기억으로 다른 어떤 시기보다 고통스러운 시간을 보내고 있다. 그 상처의 무게 때문에 새로운 것을 향해 나아가지 못하고 정체된 삶을 살아가기도 한다. 결국 중년은 어느 시기보다 트라우마가 일상이 되어 버린다. 니체는 어떻게 해야 트라우마를 놓을 수 있다고 말할까?

니체는 《반시대적 고찰 Ⅱ》에서 과거가 현재의 무덤을 파지 않으려면 '조형력'이 얼마나 큰지를 정확하게 알아야 한다고 말한다. 그렇다면 조형력이란 무엇인가? 사전적 의미로는 '형태를 만들어 이루는 힘'이다. 니체는 조형력이란 스스로 고유한 방식으로 성장하고, 과거의 것과 낯선 것을 변형해 자기 것으로 만드는 능력이라고 말한다. 다시 말해 과거의 상처를 치유하고, 상실한 것을 대체하고, 부서진 형식을 스스로 복제할 수 있는 힘이 바로 조형력이다.

조형력을 소유했느냐 아니냐에 따라 엄청난 차이가 난다. 먼저 조형력을 소유하지 않은 사람은 단 하나의 조그만 상처에도 불행에 빠지고 만다. 반면에 조형력을 소유한 사람은 아무리 거칠고 끔찍한 삶의 재난이 닥쳐와도 아무런 영향을 받지 않고 건강하게 평상심을 유지할 수 있다.

결국 망각은 과거의 상처를 빨리 잊게 만든다. 조형력은 회복력과 같은 의미로, 과거의 상처가 만들어 낸 고통과 시련을 자기 자신에게 의미 있는 것으로 만들어 내는 능력이다. 우리는 망각과 조형력을 통해서 과거의 상처를 치유하고 그 상처를 통해서 성장할 수 있는 것이다.

니체는 《우상의 황혼》에서 이렇게 말한다.

"상처에 의해 정신이 성장하고 힘이 솟는다."

새로운 것을 받아들이기 위한 의식에 빈자리를 마련한다

니체는 망각이 없다면 어떠한 행복도, 어떠한 명랑함도, 어떠한 희망도, 어떠한 긍지도 가질 수 없고, 현재라는 이 순간도 있을 수 없다고 이야기한다. 따라서 새로운 것을 받아들이기 위해서는 약간의 빈자리를 마련해야 한다. 잘 잊어버릴수록 우리의 행복 지수는 높아진다.

이별을 선택할 수밖에 없었던 사랑, 돌아가신 부모님을 다시 볼 수 없다는 슬픔, 나를 몰락하게 만든 누군가에 대한 분노와 증오심, 갑작스러운 실패로 인한 패배감 등 우리는 여러 가지 불행한 일이 남긴 기억으로 점철된 삶을 살아왔다. 이러한 과거의 기억에 얽매인 사람은 현재 이 순간을 있는 그대로 긍정하면서 살지 못한다. 과거의 부정적인 감정들을 버릴 때 비로소 현재의 삶이 들어올 공간이 생긴다. 우리는 망각할 수 있기 때문에 과거의 기억으로부터 시달리지 않고 현재 이 순간을 행복하게 살아갈 수 있는 것이 아닐까. 니체는 망각은 '강한 건강의 한 형식'이라고 말한다.

건강하게 사는 데 꼭 필요한 두 가지 도구

망각과 반대 능력인 '기억'이 반드시 아픈 상처가 된 과거처럼 지워야 할 대상인 것만은 아니다. 니체는 기억은 약속을 지켜야 하는 경우처럼 망각을 제거하고 오히려 절대로 잊지 않으려는 "능동적인 의욕 상태"라고 말한다. 기억은 상처에 대한 기억인 트라우마같이 일단 새겨진 인상에서 벗어나지 못하는 수동적인 상태가 아니다. 기억은 '나는 하고 싶다' 내지 '나는 할 것이다'같이 긍정적인 의지의 작용이다. 따라서 니체는 본래적인 의지의 기억을 잘 사용한다면 미래도 자신의 뜻대로 형성할 수 있다고 말한다.

니체는 정신적으로 건강한 삶을 유지하기 위해서는 기억보다는 망각의 중요성이 더 크다고 본다. 초인이 되기 위해서는 아이처럼 "망각할 수 있는 힘"이 필요하다. 망각할 수 있는 힘은 인간을 지속적으로 행복하게 만드는 힘이며 수단이다. 그래서 니체는 "가장 작은 행복에서나, 가장 큰 행복에서도 행복을 행복으로 만드는 것은 바로 잊을 수 있다는 것"이라고 말한다.

결국 망각과 행복은 정비례 관계라고 할 수 있다. 만약 순간순간의 삶의 문턱에서 지난 과거를 잊지 못하고, 후회와 두려움으로 멈추어 서 있다면 결코 이 순간이 행복할 수 없을 것이다.

머릿속에 잡생각이 계속해서 쌓이기만 한다면, 아마도 우리의 머리는 감정의 쓰레기 더미로 가득 차 터져 버릴지도 모른다. 망각을 배우고 항상 과거에 매달려 있는 자신과 결별해야만 한다. 망각과 기억은 우리가 건강하고 좋은 삶을 살기 위해 꼭 필요한 도구이다. 건강한 삶을 위해서는 망각과 기억의 조화와 균형을 이루는 것이 중요하다.

ℓ

제때 기억할 줄 알아야 한다.

제때 잊을 줄 알아야 한다.

05

피로
써라

· 아포리즘 ·

나는 모든 글 가운데서 피로 쓴 것만을 사랑한다. 피로 써라. 그
러면 그대는 피가 곧 정신임을 알게 되리라.

《차라투스트라는 이렇게 말했다》

1888년은 니체가 마지막으로 건강했던 해이다. 그해 7월에
《바그너의 경우》를 썼고, 8월에는 《우상의 황혼》을, 9월에는
《안티크리스트》를 완성했다. 또한 1888년 10월 15일 자신의 마
흔네 번째 생일을 맞이하여 세상 사람들에게 자신의 사상과 작
품을 알리기 위해 자서전 형식으로 《이 사람을 보라》를 쓰기 시
작하여 11월 4일에 초고를 완성한다.

"나는 왜 이렇게 현명한가"

"나는 왜 이렇게 영리한가"

"나는 왜 이렇게 좋은 책을 쓰는가"

"왜 나는 하나의 운명인가"

이같이 《이 사람을 보라》의 장 제목을 보면 니체가 자신과 자신의 사상에 큰 자부심을 갖고 있었음을 알 수 있다. 그는 다음 해 1889년 정신 이상 증세가 나타난 이후로 1900년 죽음에 이르기까지 정신적 암흑기를 보낼 운명이었다. 그런 자신의 운명을 직감이라도 한 듯, 니체는 이 자서전을 통해서 지금까지의 철학을 지적으로 탐구한 여정을 밝혔다. 특히 그가 《이 사람을 보라》의 세 번째 장 제목을 "나는 왜 이렇게 좋은 책을 쓰는가"라고 정했던 까닭은 그 당시 독자들이 니체의 작품을 제대로 이해하지 못하는 현실에 안타까운 마음이 들었기 때문이었을 것이다. 이렇게 자기 자신의 글에 자긍심이 대단했던 니체는 어떻게 글을 썼을까?

니체를 만든 글쓰기

온몸으로 써라

니체는 《차라투스트라는 이렇게 말했다》에서 "나는 모든 글

가운데서 피로 쓴 것만을 사랑한다. 피로 써라"라고 말한다. 여기에서 '피'는 생명의 본질 또는 삶 그 자체를 의미한다. 따라서 피로 쓴다는 것은 '살아 숨 쉬는 글을 쓰라'는 의미로 해석할 수 있다.

니체는 언젠가 루 살로메에게 보낸 문체에 관한 메모에서 글을 쓸 때 "가장 필요한 것은 삶이므로 문체는 살아 있어야만 한다"라고 말한다. 살아 숨 쉬는 글은 책상머리에 앉아 떠오른 생각이나 관념을 끄적거린 글이 아니다. 고독에 몸부림칠 때 위로해 주는 글, 삶의 아픔을 있는 그대로 인정하게 하는 글, 숨이 턱 밑까지 차오르게 달리고 싶은 삶에 대한 열정을 갖도록 하는 글. 이것이 삶의 철학자 니체가 말한 피로 쓴 글이 아닐까? 한마디로 피로 글을 쓴다는 것은 '온몸'으로 글을 쓴다는 것이다. 온몸으로 체험한 삶의 지혜가 혈관 속으로 녹아들어 그 피가 글로 표현될 때 '정신'으로 영원히 존재하게 된다. 니체는 죽었지만, 피로 쓴 니체의 글은 정신이 되어 우리와 영원히 함께하고 있다.

니체는 《우상의 황혼》에서 이렇게 말한다.

"죽치고 앉아 있는 것이야말로 성스러운 정신을 거스르는 죄다. 걸으면서 얻은 생각만이 가치가 있다."

좋은 글이란 삶이 지향하는 다양한 모습을 반영한 글이다. 니체의 아포리즘은 삶의 무한한 가능성으로 걸어가는 길을 지향한다. 니체는 건강상의 이유로 바젤대학 교수직을 사임한 후에는 글을 쓰기 위한 자신만의 서재도 없었다. 그는 10년 동안 여름에는 알프스 고산 지대에서, 겨울에는 따뜻한 지중해 연안에서 방랑의 길을 걸으며 글을 썼다. 그는 삶의 의미를 찾아 떠난 여행에서 극심한 육체적·정신적 질병과 치열하게 싸우며 얻게 된 생각을 수많은 글과 아포리즘으로 남겼다. 니체의 사상은 길 위에서 탄생했다고 해도 과언이 아니다. 그래서 니체는 《즐거운 학문》에서 "나는 손으로만 쓰는 것이 아니다. 발도 항상 글 쓰는 사람과 함께하길 원한다"라고 말한다.

절실한 마음으로 자기 자신을 위한 글을 써라

니체는 차라투스트라의 입을 빌려 "모든 사람이 읽는 것을 배운다면 결국에는 쓰는 것뿐만 아니라 생각 자체도 썩고 말리라"라고 말했다.

오늘날 대형 서점에 가 보면 매주 신간 서적이 엄청나게 쏟아지는 것을 알 수 있다. 특히 글을 쓰는 문화가 대중화되면서 많은 사람이 이전보다 쉽게 책을 출간한다. 그런데 대부분의 책이 그저 저자 자신이 체험해서 잘 알게 된 지식과 정보만을 담고 있을 뿐이다. 새로운 통찰이 담긴 책을 발견하기란 사실 쉽지 않다.

사람들이 대중을 위한 저급하고 품위 없는 글을 쓰는 이유에 대해서 니체는 자기 자신이 아닌 타인을 위한 글을 쓰기 때문이라고 질책한다. 즉 글은 독자만을 염두에 두고 쓸 것이 아니라 저자 자신을 위해 써야 한다. 니체는 《인간적인 너무나 인간적인 Ⅱ》에서 책은 펜과 잉크와 책상을 요구해야만 한다고 강조한다. 충분한 사색도 진지함도 영혼도 없는 글을 쓰지 말고 스스로 사상가가 되어야 한다. 하지만 일반적으로는 이와 반대로 펜과 잉크와 책상, 즉 글을 쓸 수 있다는 사정만으로 글을 쓰려는 사람이 많다. 이렇게 생겨난 부류의 책은 지식을 전달하는 하나의 통로밖에 되지 않는다고 니체는 지적한다.

쉽고 간결하게 써라

니체는 《인간적인 너무나 인간적인》 이후 작품 대부분에서 자신의 철학적 글쓰기 방식으로 아포리즘 형식을 선택했다. 《도덕의 계보》, 《비극의 탄생》, 《반시대적 고찰》 등은 예외로 논문의 형식을 취했다. '아포리즘 Aporism'이란 잠언이나 경구, 격언을 의미하며, 자신이 체험으로 깊이 깨달은 진리를 쉽고 간결한 문장으로 표현하는 방식을 말한다. 니체는 《우상의 황혼》에서 자신이 아포리즘을 쓰는 것과 관련해서는 독일인 가운데 최초의 대가라고 자칭한다. 니체가 아포리즘이라는 표현 형식을 좋아한 이유는 세 가지가 있다.

첫 번째, 니체는 건강 때문에 어쩔 수 없이 짧고 강렬한 방식

글을 훌륭하게 쓴다는 것은
훌륭한 생각을 많이 한다는 것이다.

의 아포리즘 문체로 글을 쓸 수밖에 없었다. 단락마다 번호를 달아 쓴 첫 번째 책《인간적인 너무나 인간적인》을 집필할 당시에도 니체는 질병에 시달렸다. 두통에서 잠시 자유로워져 맑은 정신으로 회복되었을 때 머릿속에 떠올랐던 생각들을 작은 공책에 손으로 휘갈겨 썼다. 아니면 숲속을 산책하는 도중에 떠오른 생각들을 급히 적었기 때문에 아포리즘 형식의 글을 쓸 수밖에 없었다.

두 번째, 니체는 글을 중언부언 길고 어렵게 쓰지 말라고 했다. 좋은 글이란 간결하면서도 많은 내용을 함축하는 짧은 글을 의미한다. 니체는 기존의 독일 학자들이 추구했던 난해한 문장만이 철학적 진리에 이르는 길이 아니라고 생각했다. 그의 야심은 "다른 사람들이 한 권의 책으로 말하는 것 또는 한 권의 책으로도 말하지 못하는 것을 열 개의 문장으로 말하는 것"이었다고 말한다.

또한 아포리즘은 철학 연구에서 체계성을 반대하는 니체의 정신을 표현하기 위해 선택된 형식이다. 우리는 '서론, 본론, 결론' 형식이나 '기승전결'의 구조로 완성되는 형식을 체계적인 글쓰기라고 배웠다. 하지만 니체는 이러한 체계와 논리를 중시하는 철학적 글쓰기는 삶의 다양한 모습을 제대로 담아낼 수 없다고 생각했다. 체계를 세우려는 의지는 성실성(정직성)이 결여되어 있다는 것이다. 왜냐하면 우리의 삶은 그 자체가 수많은 오류를 포함하기 때문이다. 니체는 이러한 짧고 강렬한 글쓰기 방식 덕분에 기존의 가치를 파괴하고 해체할 수 있었으며 새로운 가치의 창조를 위한 글을 쓸 수 있었다.

세 번째, 니체는 자신의 글이 한 가지로 해석되는 것을 원하지 않고, 독자들이 능동적으로 참여해 다양하게 해석하기를 바랐다. 아포리즘은 독자가 열린 사고를 할 수 있도록 도와준다. 다만 니체의 단편적인 사유가 전후 설명이 없이 간략하게 나열된 아포리즘 문체를 어떻게 이해할 것인가 하는 문제점은 있다. 니체도 자신의 책이 이해하기 쉽지 않다는 점을 인정한다. 《도덕의 계보》에서는 만약 어떤 사람이 자신의 저서가 어렵고 거슬린다고 하더라도 그 책임이 니체 자신에게 있는 것은 아니라고 말한다. 그는 잠언 형식의 글이 이해하기 어려운 이유를 설명한다.

"잠언 형식의 글을 이해하는 데 어려움을 느낄 것이다. 이는 오늘날 사람들이 이 형식을 매우 진지하게 다루고 있지 않기 때문이다. 충분히 갈고닦아서 이루어진 잠언이란 단순히 읽는다고 해서 '해독'되는 것은 아니다. 오히려 읽는 것과 함께 해석이 시작되어야 하지만 이러한 해석을 위해서는 해석의 기술이 필요하다."

니체는 아포리즘 형식의 글로 이루어진 자신의 책은 단순히 읽기만 해서는 이해할 수 없다고 말한다. 오히려 아포리즘은

'해독' 과정이 필요하다. 읽는 동시에 해석이 이루어져야만 한다. 왜냐하면 니체는 전후 설명 없이 함축적이고 암시적으로 글을 썼기 때문이다. 그는 무엇보다 먼저 해석하는 기술을 연습하기 위해서는 '읽을 수 있게 되기'까지 충분한 시간이 필요하다고 말한다.

니체가 말하는 좋은 글쓰기는 한마디로 피와 잠언으로 글을 쓰는 것이다. 이것이 바로 니체의 글쓰기 전략이다. 그렇다면 우리 독자는 피와 잠언으로 쓴 글을 어떻게 읽어야만 할까? 니체는 피와 잠언으로 글을 쓰는 사람은 "읽히기를 원하는 것이 아니라 암송되기를 바란다"라고 말한다. 이는 단순히 수박 겉핥기 식이나 주마간산으로 대충대충 보는 피상적인 읽기가 아니라, 책의 내용을 하나하나 자신의 것으로 만드는 '지식의 체화'를 의미한다. 독자는 아포리즘을 한 번 읽어서는 이해할 수 없다. 니체는 독자에게 마치 소가 되새김하듯이 아포리즘을 반복해서 읽는 작업이 필요하다고 말한다.

니체는 《인간적인 너무나 인간적인 II》에서 "사람은 누구나 훌륭하게 그리고 점점 더 훌륭하게 글 쓰는 법을 배워야만 한다"라고 말한다. 니체가 말한 글을 보다 훌륭하게 쓴다는 것은 더 훌륭하게 사색하라는 것이다. 결국 글을 잘 쓴다는 것은 훌륭한 생각을 많이 한다는 것을 의미한다.

마흔 이후, 이전보다 훌륭한 삶을 살고 싶다면 니체가 말한 대로 훌륭하게 글 쓰는 방법을 배워 볼 필요가 있다. 과연 우리는 어떤 삶의 길을 걷고 있는가? 권태로운 일상이 반복될 때 니체처럼 나 자신을 찾아 여행을 떠나자. 여행에서 온몸으로 겪은 것, 보고, 듣고, 맛보고, 냄새 맡고, 만지는 등 오감으로 느낀 것을 자신만의 글로 표현해 보자. 그렇게 한다면 과거의 낡은 삶을 벗어 던지고 새로운 삶을 맞이할 수 있을 것이다.

　ℓ

　혈관 속에 녹아든 삶의 지혜를 표현하라.
　그것이 곧 살아 숨 쉬는 글이다.

06

예술은 삶의
위대한 자극제이다

· 아폴론적인 것과 디오니소스적인 것 ·

예술은 삶의 위대한 자극제이다. 그런데 어떻게 해서 그것을 목
적과 목표가 없는 것으로서, 예술을 위한 예술로서 이해할 수
있단 말인가?

《우상의 황혼》

영화 〈미드나잇 인 파리〉는 예술적으로 풍요로웠던 1920년
대의 프랑스 파리를 동경하던 한 남자가 정말 1920년대로 시간
여행을 하게 되어 벌어지는 이야기를 다룬다. 주인공 '길'은 그
곳에서 어니스트 헤밍웨이, 스콧 피츠제럴드, 파블로 피카소 같
은 문학가와 예술가를 만난다.
이 영화는 오프닝에서 파리의 아름다운 전경을 몇 분 동안 차

레로 보여 주며 관객의 마음을 사로잡는다. 유유히 흐르는 센강과 프랑스의 상징 에펠탑, 빨간 풍차의 물랭 루즈, 원근감이 느껴지는 개선문, 관광객을 가득 실은 유람선, 녹음이 우거진 공원, 사람이 붐비는 카페 거리, 비에 젖어 낭만적인 파리의 뒷골목, 루브르 박물관에서 베르사유 궁전까지. 영화 속 파리의 로맨틱한 풍경은 많은 사람에게 파리 여행을 꿈꾸도록 한다. 특히 프랑스 사람들이 노천카페에서 차 한 잔과 함께 차분한 여유와 고독을 즐기는 모습을 보면, 하루 종일 정신없이 '빨리빨리'를 외치는 우리의 삶과는 너무나 다름을 느낀다.

아폴론적인 예술과 디오니소스적인 예술

니체는 그의 첫 작품 《비극의 탄생》을 1872년에 출간했다. 니체는 이 책에서 '아폴론적인 것'과 '디오니소스적인 것'이라는 예술을 바라보는 두 가지 근본 원리를 소개했다. 니체는 "예술의 발전은 아폴론적인 것과 디오니소스적인 것의 이중성과 결합되어 있다"라며 이러한 이름들은 그리스인에게서 빌린 것이라고 말한다. 따라서 우리가 《비극의 탄생》을 잘 이해하기 위해서는 그리스 로마 신화에 등장하는 두 예술의 신 아폴론과 디오니소스를 알아야 한다.

'아폴론'은 제우스와 레토의 아들이다. 그는 올림포스 12신 중한 명으로 태양신이자 음악, 시, 의술, 궁술을 관장하는 신이다. 로마식으로는 '아폴로'로 불린다. 특히 그는 예언의 신이었기 때문에 델포이에 있는 아폴론 신전은 미래의 일을 예언하는 신탁을 얻는 장소로 유명하다. 아폴론 신은 빛, 이성, 예지력, 예술 등을 상징한다.

'디오니소스'는 제우스와 인간 세멜레의 아들이다. 로마 신화에서는 '바쿠스'에 해당한다. 그는 포도나무와 포도주의 신이며 다산과 풍요의 신이자 기쁨과 광란, 황홀경의 신이다. 그는 두 번 태어난 신, 죽었다가 다시 살아난 부활의 신이다.

빛의 신으로 '빛나는 자'라는 뜻의 '포이보스'라는 별칭을 갖고 있는 아폴론은 밝음, 이성, 질서, 균형, 예지력, 꿈, 가상 등을 표상한다. 따라서 '아폴론적인 것'은 조형 예술, 즉 조각과 시각 예술에서 구현되는 힘이다. 반면 디오니소스는 무질서, 도취, 황홀, 강한 생명력 등을 표상하므로 '디오니소스적인 것'은 비조형적 음악 예술에서 구현되는 힘이다.

니체는 '아폴론적인 것'과 '디오니소스적인 것'이라는 두 예술가적인 힘의 개념을 만들었다. 그는 이러한 힘은 인간이라는 예술가를 거치지 않고 자연 그 자체에서 솟아나는 자연의 예술 충동이라고 말한다. 모든 예술가는 단순히 '모방자'에 불과하다는 것이다. 그래서 니체는 《비극의 탄생》에서 예술가들을 아폴론 적인 꿈의 예술가, 디오니소스적인 도취의 예술가, 그리고 도취 와 꿈을 겸비한 예술가, 이렇게 세 가지 형태로 분류한다.

니체는 '아폴론적인 것'과 '디오니소스적인 것'이라는 두 가지 예술 충동의 커다란 대립과 투쟁 속에서 고대 그리스의 비극적 인 예술과 문화가 탄생했다고 말한다. 다시 말해 그리스의 비극 은 디오니소스적인 것과 아폴론적인 것이 계속해서 새로운 탄 생을 되풀이하고 서로 강화시키며 발전해 왔다는 것이다.

그리스 비극의 3대 작가에는 그리스 비극의 창시자로 꼽히 는 '아이스킬로스', 그리스 비극의 완성자라고 불리는 '소포클레 스', 그리고 앞에 두 비극 작가보다 뒤에 태어난 '에우리피데스' 가 있다. 먼저 아이스킬로스의 작품으로는 《결박당한 프로메테 우스》, 《아가멤논》 등이 있다. 우리에게 잘 알려진 《오이디푸스 왕》과 《안티고네》는 소포클레스의 작품이다. 마지막으로 에우 리피데스는 《메데이아》 등의 작품을 남겼다.

니체는 아이스킬로스와 소포클레스의 비극 작품은 아폴론적 인 것과 디오니소스적인 것의 균형을 이루었다고 생각했다. 에 우리피데스에 와서는 소크라테스의 이성 중심의 철학이 지배하 면서 근원적이고 전능한 디오니소스적 요소가 비극에서 분리되 었다고 생각했다. 니체는 《비극의 탄생》에서 그리스 비극의 예 술 작품은 디오니소스적인 것과 소크라테스적인 것의 새로운 대립으로 인해 멸망했다고 말한다. 다시 말해 니체는 그리스 비극이 몰락한 이유를 소크라테스와 그의 정신의 지배받은 에우리피데스에서 찾고 있다. 니체는 이렇게 소크라테스적 낙천주의적 요소로 디오니소스적 힘이 약화되고 상실된 그리스 비극의 문화는 당시 바그너의 음악이 그 정신을 부활시킬 수 있다고 믿었다. 하지만 니체는 나중에 바그너와 결별하면서 비극의 부활이라는 희망을 포기하게 된다.

그렇다면 니체는 예술이 우리의 삶에 어떤 의미가 있다고 말할까?

예술은 어떻게 삶을 바꾸는가

모든 예술은 삶을 향한다

니체는 《우상의 황혼》에서 예술을 아무런 목적도 갖지 않는 '예술을 위한 예술'로 이해할 수 있는지 다음과 같이 묻는다.

"모든 예술은 무엇을 하고 있는가?"

"모든 예술은 칭찬하고 있지 않은가?"

"예술은 찬미하고 있지 않은가?"

"예술은 선별하고 있지 않은가?"

"예술은 끄집어내고 있지 않은가?"

니체의 질문처럼 예술가의 가장 깊은 본능은 예술을 향하고 있을까, 아니면 예술의 의미인 삶을 향하고 있을까? 니체는 한마디로 "예술은 삶의 위대한 자극제이다"라고 대답한다. 즉 예술은 삶으로 향하게 하는 위대한 자극제라는 것이다. 예술은 삶에 관심을 불러일으킨다. 또한 예술은 긍정적인 눈으로 삶의 모습들을 바라보게 한다. 예술은 마침내 삶은 아무리 고통스럽더라도 좋은 것이라고 말하게 한다.

결국 니체는 예술을 삶에 대한 예술의 개념으로 이해하기 때문에 목적과 목표가 없는 '예술을 위한 예술'로는 이해할 수 없다고 말한다. 그래서 니체는 1886년에 새롭게 간행한 《비극의 탄생》의 서문 〈자기비판의 시도〉에서 "학문은 예술가의 광학으로 바라보지만, 예술은 삶의 광학으로 바라본다"라고 말한다. 또한 니체는 "예술이 심어 준 삶의 기쁨의 강도와 다양성은 예술이 사라진 후에도 여전히 채워지기를 원한다. 학문적 인간은 예술적 인간이 더 발전된 것이다"라고 말한다.

예술은 삶의 추하고 가혹하고 의문스러운 것도 표현한다

염세주의자 쇼펜하우어는 예술을 '의지로부터의 해방'을 위한 방법으로 제시했다. 즉 예술은 사람들이 삶의 고통으로부터 벗어나기 위한 도피 수단에 불과하다. 쇼펜하우어에게 예술은 끝임없이 솟아오르는 욕망을 일시적으로 진정시키는 치료책이었던 것이다. 니체는 예술을 바라보는 관점이 쇼펜하우어와 달랐다. 니체에게 예술은 강력한 적, 커다란 재난, 전율을 불러일으키는 문제에 직면했을 때의 용기와 침착함을 준다고 말한다.

니체는 《니체 대 바그너》에서 모든 종류의 예술가를 구별하는 핵심적인 방법에 대해서 이렇게 말한다.

"삶에 대한 증오가 창조적이 되었는가? 아니면 삶의 충일이 창조적이 되었는가?"

이 말은 모든 예술은 두 종류의 '고통을 받는 자'를 전제로 한다는 뜻이다. 한 종류는 삶의 충일에서 고통받는 자이다. 여기서 충일이란, 가득 차서 넘침을 의미한다. 그런데 어떻게 삶의 모든 것이 만족스럽고 가득 차다 못해 넘치는데 고통스러울 수 있을까? 그것은 더 많은 것을 지배하고, 더 많은 것을 원하며, 더 강해지기를 원하는 힘에의 의지의 성질 때문이다. 다시 말해 힘에의 의지는 가득 차고 넘쳐서 충족되는 현재 상태에 만족하지 않고 또 다른 것을 추구하고 극복하려는 의지이기 때문에 고통이 뒤따를 수밖에 없다. 따라서 삶의 충일에서 고통받는 자는 삶에 대한 비극적 통찰과 디오니소스적 예술을 원한다.

다른 한 종류는 삶의 빈곤으로 인해 고통받는 자이다. 그는 삶을 증오하고 부정하며 비방하는 염세주의 예술을 원한다. 니체는 전자의 예로 괴테를, 후자의 예로 쇼펜하우어와 바그너 그리고 플로베르를 언급하면서 이들은 자신의 대척자들이며, 데카당스 예술이라고 말한다. 그래서 니체는 예술에 "삶의 의지로부터의 해방" 또는 "삶에 대해 체념하게 하는 것"이라고 의미를 부여했던 쇼펜하우어의 데카당스 예술을 염세주의자의 관점이며 "사악한 시선"이라고 비난한다. 왜냐하면 삶에 대한 증오에서 창조된 염세주의 예술은 외면하고 싶은 삶의 추하고 고통스러운 면을 감추려고 하기 때문이다. 삶의 아름다운 것이든 추한 것이든 모두 긍정의 대상으로 바라보는 니체에게 예술은 삶의 추하고 가혹하고 의문스러운 많은 것을 표현해야 한다.

예술은 아폴론적인 것과 디오니소스적인 것의 관계에서 싹튼다

니체가 지적한 것처럼 소크라테스적 낙천주의 예술은 삶의 추한 면을 아름다운 가상이라는 환상의 베일로 가리고 아폴론적인 것만을 중요시했다. 디오니소스적인 것을 무시하는 예술이란 결과적으로 인간의 무의식적 충동을 무시하는 예술이다. 왜냐하면 디오니소스적인 것은 인간의 삶과 문화를 창조하는 토대이자 힘이기 때문이다.

니체는 아폴론적인 것은 디오니소스적인 것을 기반으로 엄격하게 상호 균형을 이루며 각자의 힘을 발휘해야만 한다고 말한다. 결국 음악과 비극적 신화는 디오니소스적인 능력의 표현이며 서로 분리될 수 없다. 다시 말해 디오니소스적인 것은 아폴론적인 것과 비교할 때 영원하고 근원적인 예술의 힘이다.

사람들은 본능적으로 고통과 두려움으로 가득한 삶을 피하고 싶어 한다. 하지만 오히려 그리스 비극 같은 비극 작품을 통해 사람은 두려움이 없는 상태에 도달하게 된다. 니체는《인간적인 너무나 인간적인 I 》에서 영혼을 변화시키는 가장 강한 작용은 대부분 추한 예술 분야에서 이루어졌다고 말한다. 조형 미술뿐만 아니라 음악과 시에서도 오직 정돈되고 도덕적인 균형 속에서 표현하도록 요구한다면 예술의 한계를 너무나 편협하게 정한 것이다.

그렇다면 마흔의 우리는 왜 예술을 가까이 해야 할까? 니체의 말처럼 예술을 삶의 관점에서 바라본다면, 예술은 우리의 삶을 강화하는 힘이 있다. 예술은 지친 일상에 위안이 되고, 우리의 메마른 감수성을 다시 감미롭게 피운다. 우리의 눈은 세상의 아름다운 것을 모두 담아낼 수 없지만, 예술 작품은 세상의 아름다움을 천천히 우리 안에 스며들게 한다. 우리의 마음은 슬픔과 괴로움을 감당하기 힘들지만, 예술 작품은 우리에게 가슴 절절한 감동과 눈물을 선사한다.

니체는《니체 대 바그너》에서 이렇게 말한다.

"모든 예술, 모든 철학은 성장하거나 하강하는 삶의 치유 수단이나 보조 수단으로 간주될 수 있다."

오늘날 현대인은 지나친 풍요로움 속에서 산다. 그런 우리에게 니체는 "혹시 지나친 풍요 자체에 대한 고통은 없는가?"라고 묻는다. 니체는 비극을 삶에 대한 긍정에서 나온 최고의 예술이라고 말한다. 비극적 예술은 모든 추한 것, 쇠퇴, 무기력, 권태로움으로부터 벗어나게 한다. 그리고 우리에게 삶의 희망과 행복과 넘치는 건강함과 삶의 충만함을 준다. 니체의 말처럼 비극적 예술 속에 등장하는 고통에 익숙한 자, 고통을 찾아다니는 자, 영웅적인 인간을 보면서 나 자신의 존재를 찬양해 보라. 이것이 니체가 말한 진정한 예술의 힘이 아니겠는가.

ℓ

모든 예술은 목적과 목표가 있다.
삶의 기쁨, 치유의 수단, 존재의 긍정.

4장

어떻게 이 삶을
사랑할 것인가

니체의 마지막 질문

01

고통에 대한 처방은
고통이다

· 고통 ·

커다란 고통을 가하고, 고통의 비명을 들으면서도 내심의 곤혹
과 불안에 빠져들지 않는 것—이것이야말로 위대한 것이며, 위
대함에 속하는 것이다.

《즐거운 학문》

삶이 고통스러울 때 당신은 무엇을 하는가? 사람들은 마음이
우울하고 불안할 때 대체로 무언가 할 일을 찾아 그 일에만 열
중하거나 친한 친구들을 만나 술 한 잔 기울이며 허심탄회한 대
화를 한다. 아니면 부흥회 같은 종교적 행사에 참여하거나 운명
철학관에서 점을 본다. 어떤 사람은 쇼핑을 하거나 현실을 도피
하기 위해 멀리 여행을 떠난다. 하지만 이렇게 살려고 발버둥을

처도 삶은 여전히 힘들고 고통스럽다. 가끔 모든 것을 다 내려놓고 싶을 때가 종종 찾아온다.

삶의 고통에서 해방되는 방법

삶은 고통이라는 철학적 입장을 염세주의라고 부른다. 먼저 서양 철학사의 대표적인 염세주의 철학자 쇼펜하우어의 입장을 살펴보자. 그는 인간과 세계의 모든 존재를 지배하는 것이 이성이 아니라 의지라고 보았다. 무엇인가를 하려는 의지는 그 목적이 있다. 하지만 쇼펜하우어가 말한 의지는 아무런 목적이나 목표도 없이 맹목적이다. 이 맹목적 의지는 욕망을 말한다. 욕망은 밑이 빠진 항아리에 물을 붓는 것처럼 쉽사리 채워지지 않는다. 한 가지 욕망이 충족된다면 또다시 새로운 욕망에 사로잡히기 때문이다. 부자들이 이미 막대한 재산을 소유했는데도 거기에 만족하지 못하고 더 많이 벌기를 원하는 것처럼 말이다. 그래서 쇼펜하우어는 부와 명성에 대한 욕망은 바닷물과 같아서 마시면 마실수록 목이 마를 수밖에 없다고 말한다.

이렇듯 인간의 욕망이 충족되지 못할 때 고통이 생겨난다. 다시 말해 우리 삶이 고통스러운 이유는 채워지지 않는 욕망 때문이다. 인간의 욕망은 끝이 없는 데다가 대부분의 욕망이 충족되는 데는 많은 제약이 따른다. 또한 욕망이 계속해서 충족되더라도 그 행복감은 오래 지속되지 못하고 권태로움에 빠지게 된다. 그래서 쇼펜하우어는 "삶은 시계의 추처럼 고통과 권태로움 사이를 왔다 갔다 한다"라고 말한다.

쇼펜하우어는 고통으로부터 해방될 수 있는 방법으로 두 가지를 제시한다. 첫 번째 방법은 '예술'이다. 하지만 음악 같은 예술은 일시적인 진정제에 불과하다. 삶의 고통으로부터 완전하고 영원히 구제될 방법이 필요하다. 쇼펜하우어는 두 번째 방법으로 의지 자체를 '부정'하는 방법밖에 없다고 말한다. 그가 의지를 부정하기 위해 제시한 길은 바로 금욕과 고행이다.

그렇다면 니체는 삶의 고통을 어떻게 바라보고 어떠한 해결책을 제시했을까? 니체는《도덕의 계보》세 번째 논문에서〈금욕주의적 이상이란 무엇을 의미하는가?〉라는 제목으로 금욕주의에 관해 설명한다. 금욕주의란 인간의 본능적인 욕망을 죄악시하고 욕망을 억압하는 삶을 이상적인 삶으로 보는 태도이다. 금욕주의는 욕망보다 이성을 중시했던 플라톤 이원론을 계승한 서양 형이상학과 기독교의 입장이다. 니체는 여기에서 금욕주의자들이 고통을 완화하기 위해 택한 방법들을 소개했다. 또한 니체는《즐거운 학문》에서 아포리즘 형식으로 고통을 극복할 수 있는 방법들을 제시한다. 고통을 극복하는 방법으로 금욕주의가 제시한 방법과 니체가 제시한 해결책을 각각 비교해 보겠다.

삶에의 의지와 욕망을 제거하라 vs 고통을 정면으로 응시하라

금욕주의적 성직자들은 고통을 완화하는 방법으로 '생명력을 최저점으로 끌어내리는 수단들'을 제시한다. 예를 들어 가능하면 의욕하지도 소망하지도 말 것, 흥분하거나 피를 끓게 하는 모든 일을 피할 것, 사랑하지도 증오하지도 말 것, 평정심을 유지할 것, 복수하지 말 것, 부자도 되지 말 것, 일하지 말 것, 정신적인 면에서 "바보가 되어야 한다"라는 파스칼의 원리를 따를 것 등이다. 의지나 욕망 자체를 부정한 쇼펜하우어의 방법이 여기에 해당한다.

니체도 쇼펜하우어의 영향을 받아 의지를 인간과 세계의 본질로 본다. 하지만 니체는 고통스러운 삶의 근원인 의지를 쇼펜하우어와 다른 관점에서 바라보았다. 니체는 '힘에의 의지'를 통해 인간에게 주어진 고통스러운 삶 자체를 적극적으로 긍정한다. 니체는 맹목적 의지가 야기하는 고통에서 벗어나야 한다는 쇼펜하우어와 달리 고통은 단지 회피해야 할 대상이 아니므로 직면할 것을 요구한다.

니체의 힘에의 의지는 지배를 원하고, 더 많이 원하며, 더 강해지기를 원하기 때문에 항상 상승하는 삶을 추구한다. 힘에의 의지는 현재의 상태에 만족하지 않고 극복하려는 의지이므로 항상 고통이 뒤따를 수밖에 없다. 니체는 고통도 쾌락과 마찬가지로 그 안에 많은 지혜를 지니고 있으므로 종족 보존을 위한 커다란 요건으로 보았다. 결국 우리가 지금 고통스러운 삶을 살고 있다면 잘 살아가고 있다는 증거가 된다.

기계적 활동에 몰입하라 vs 단순한 삶을 추구하라

금욕주의에서는 고통이 들어설 여지가 없도록 기계적 활동을 반복해서 계속하라고 말한다. 오늘날 40대 대부분이 다른 무엇보다도 일을 중시하는 '일 중독증'에 걸려 있다. 우리는 주변으로부터 '더 많이, 더 많이' 무언의 압박을 받으며 워커홀릭으로 산다. 하루하루 눈코 뜰 새 없이 바쁜 나날을 보낸다. 기계적 활동은 일종의 최면과 같다. 이렇게 일에 빠져 있다 보면 삶이 주는 괴로움을 잠시는 잊을 수 있을 것이다. 하지만 빡빡한 일정으로 채워진 시간을 아무런 생각 없이 시키는 일에 복종만 하며 보내는 고정된 생활 방식이 정말로 노동이 주는 축복일까?

니체도 단순하고 고정된 삶을 추구했다. 그는 건강한 삶을 위해 필요한 모든 것을 전적으로 단기적 습관에 맞추었다. 그는 관직, 같은 사람과 오랜 시간 함께하는 것, 같은 장소에서 사는 것, 그렇게 나쁘지도 좋지도 않은 건강 상태 같은 지속적인 습관을 싫어했다. 식사, 사상, 인간, 도시, 시, 음악, 이론, 일과, 생활 방식 등과 관계를 맺는 방식까지 니체가 단기적 습관을 사랑하게 된 이유가 있었다. 그의 삶을 둘러싼 모든 것이 질병 등 고통스럽고 비참하고 불완전했기 때문에 여러 가지를 지속적으로 할 수 없었다.

이웃 사랑으로 작은 기쁨을 얻어라 vs 고통을 열망으로 바꾸어라

금욕주의적 사제는 사람들에게 고통을 완화하는 방법으로 '이웃 사랑'이라는 치료제를 처방했다. 이웃에게 선을 행하고, 타인을 도와주고, 격려하고, 위로하고, 칭찬하는 등 서로에게 필요한 존재가 될 때 느끼는 작은 우월감이 자부심과 행복감을 준다는 것이다. 또 하나의 방법으로는 공동체를 형성하는 것이다. 사람은 무리 안에서 타인과 함께 성장할 때 고통스러운 자기 자신을 잊게 된다.

니체는 약한 자들은 본능적으로 서로 뭉치는 데서 쾌감을 느끼고 만족한다고 지적한다. 금욕주의적 성직자들이 이러한 본능을 간파하고 이웃 사랑과 무리를 형성할 것을 장려했다는 것이다. 힘들고 괴로울 때는 세상에 나 홀로 남겨진 느낌이 든다. 사람들 대부분은 고통으로 인해 불행할 때 친구들을 만나거나 모임에 참여한다. 그 순간 고통과 불쾌감을 잠시 잊을 수는 있겠지만, 다시 혼자가 되었을 때 밀려오는 상실감과 소외감은 더욱 커진다. 사실 다른 사람들과 함께한다고 해서 근본적인 고통과 외로움이 치유되지는 않는다.

중요한 것은 우리의 고통과 고뇌는 외부가 아니라 자신의 내면에서 만들어진다는 것이다. 나를 가장 고통스럽게 하는 존재는 자기 자신이다. 진정으로 고통을 추구하는 사람이라면 자신의 내면에서 만들어지는 고통을 고뇌를 향한 열정으로 바꿀 줄 알아야 한다. 그래서 니체는 고통을 추구할 때 그 고통으로 인해 창조적 역량이 더 세련된다고 말한다.

니체는 건강을 위해 몸에 알맞고 글쓰기에 도움이 되는 장소를 찾아 홀로 끊임없이 옮겨 다녔다. 때때로 그도 우리처럼 처절하게 외로움과 고독을 증오하면서 싸우기도 했지만 그의 육체적, 정신적 고통은 그를 더욱 고독한 여행자로 만들었다. 니체는 삶의 고통을 극복하기 위해 철저히 고독을 선택했다. 그리고 그는 고독한 사유의 여행에서 새로운 동반자를 발견한다. 바로 니체 자신의 그림자였다. 《인간적인 너무나 인간적인 II》 제2장 〈방랑자와 그의 그림자〉는 자기 그림자와 대화한 결과물이다. 니체는 그 이후로도 철저히 고독 속에서 내면의 그림자와의 대화를 통해 멋진 작품들을 완성했다. 외롭고 고통스러울수록 나를 따라다니는 내면의 그림자와의 대화가 필요하다.

고통의 원인을 전환하라 vs 고통에 대한 처방은 고통이다

금욕주의에서는 고통의 원인을 자신이 지은 죄와 그 죄에 대

불행하고 고통스러운 삶이
우리를 단련한다.

한 벌로 이해한다. 그리고 삶이 고통스러운 이유를 설명하기 위해 죄책감을 이용한다.

니체는《도덕의 계보》에서 인류에게 내려진 저주는 고통 자체가 아니라 '고통의 무의미'라고 말한다. 인간에게 문제는 '무엇을 위해서 괴로워하는가?'라는 물음에 대한 답이 없다는 것이다. 우리는 무엇 때문에 고통을 당하는지에 대한 답을 찾지 못하기에 공허감에 빠질 수밖에 없다. 만약 지금 이렇게 고통스러운 이유와 의미가 밝혀진다면 인간은 오히려 더 큰 고통을 바란다는 것이다.

그런데 금욕주의는 '죄'의 관점으로 모든 고통을 해석해 인간에게 고통의 의미를 주었다. 예를 들어 기독교의 입장에서 인간이 이 세상에서 고통을 겪는 이유는 바로 아담이 지은 원죄 때문이다. 이제 인간은 자신이 고통의 원인이 죄에 있음을 이해하게 되었고, 영원한 구원을 받기 위해 모든 고통을 이겨 낼 수 있었다. 하지만 니체는 죄책감을 조장하는 금욕주의의 치료법으로 인해 어느 정도 고통은 완화되었을지 몰라도 인간은 길들여지고 약해지고 용기를 잃게 되었다고 말한다. 금욕주의는 인간적인 것, 물질적인 것을 증오한다. 또한 모든 변화, 생성, 죽음, 소망, 욕망 자체로부터 도망치려고 갈망하며 인간과 삶에 대한 모든 것에 혐오감을 불어넣는다. 왜냐하면 금욕주의는 '무를 향한 의지'이기 때문이다.

우리는 많은 육체적 고통뿐만 아니라 정신적 고통을 겪고 있다. 이런 고통을 외면하거나 완화하려면 견디는 것만이 최선일까? 니체는 진정으로 불행을 직접 겪어 보라고 말한다. 니체는 《즐거운 학문》에서 다음과 같이 처방을 내린다.

"고통에 대한 처방은, 고통이다."

삶은 괴로움이 끝없는 세상을 뜻하는 고해 苦海라고 한다. 니체는 고통의 바다를 항해하는 방법으로 두 가지를 제시한다. 하나는 적은 에너지로 사는 법을 배우는 것이다. 즉 어떤 커다란 위험이나 폭풍이 다가올 때 가능한 한 "몸을 작게 움츠리는 것"이다. 고통의 경고 신호가 울리는 바로 그 순간이 에너지를 감소해야 할 때이다. 또 다른 방법은 커다란 고통이 다가올 때 그것을 정면으로 응시하는 것이다. 폭풍이 다가올 때 움츠리지 않고 더욱더 긍지에 차서 전투적으로 영웅적 인간처럼 행동하는 것이다. 니체의 이 말을 위안으로 현재의 고통을 정면으로 응시하면서 극복해 보라.

"오히려 거대한 고통이야말로 영혼의 최종적인 해방자이며 이러한 고통이 우리의 생각을 좀 더 심오하게 만든다."

굶주림이라는 욕망을 채우기 위해 맛있는 음식을 먹듯이 내면의 평화와 기쁨과 조화를 위해 열렬히 욕망할 필요가 있다. 그러한 욕망을 숨기지 말고 경멸하지도 말자. 우리의 영혼은 배고픔이나 잠이 부족하다는 육체적인 결핍 외에도 사랑, 따뜻함,

창조성과 같은 정신적 결핍을 더 많이 느낀다. 끊임없이 욕망할 수밖에 없는 삶 자체가 고통의 연속이므로 우리에게는 긍정적인 욕망도 진정으로 중요하다.

$\mathcal{\ell}$

고통에도 곤혹과 불안에 빠져들지 않는 자만이
위대함에 도달할 수 있다.

02

고독을 감당할 힘을
보여 주어라

· 고독 ·

우리는 책 사이에서만, 책을 읽어야만 비로소 사상으로 나아가는 그런 인간들이 아니다. 야외에서, 특히 길 자체가 사색을 열어 주는 고독한 산이나 바닷가에서 생각하고, 걷고, 뛰어오르고, 산을 오르고, 춤추는 것이 우리의 습관이다. 책, 인간, 음악의 가치와 관련된 우리의 첫 질문은 다음과 같은 것이다.
"그는 걸을 수 있는가? 더 나아가 춤출 수 있는가?"

《즐거운 학문》

1879년 5월 2일, 니체는 바젤대학 교수직을 그만두고 6월 14일에 연금을 받으며 퇴직한다. 니체는 이제 자유로운 영혼이 되어 방랑의 길을 떠난다. 그가 방랑길을 떠난 이유 중 하나는 점점 나

빠진 건강 때문이다. 지난 10년간 니체는 건강 관리에 소홀했다. 그는 휴식을 취하지 않고 무리하게 일하는 바람에 반복적인 편두통과 탈진에 시달렸고, 아무것도 볼 수 없을 정도로 안구 통증이 계속되었다. 그는 질병으로 정상적인 생활을 할 수 없었으므로 홀로 지내야만 했다. 그에게 찾아온 것은 외로움이었다. 결혼 상대자를 계속 찾았지만 결국 독신으로 살 자신의 운명에 낙담했다. 니체에게 재산이라고는 원고와 몇 권의 책이 든 커다란 여행용 트렁크뿐이었다. 그는 어디에도 정착하지 않았다. 자신의 건강과 글쓰기에 도움이 되는 장소를 찾아 끊임없이 어딘가를 여행했다. 그는 스위스, 제노바, 니스, 베네치아, 토리노 등의 호텔 방과 하숙방에서 살았다.

1879년은 니체에게 삶의 전환점이 되었다. 니체는 그해에만 118일이나 질병으로 인해 심한 고통을 겪었다. 그는 죽음을 직면하고서 자신을 둘러싼 모든 세계를 깨뜨리고, 자기 자신을 찾기 위한 여행을 떠나기로 결심했다.

여행은 자기 자신을 찾는 과정

니체는《인간적인 너무나 인간적인 II》에서 인생의 여정을 걸는 인간을 여행자에 비유하며 여행자를 여러 단계로 구분한다. 가장 낮은 등급의 여행자는 여행할 때 남들에게 관찰당하는 대상에 불과한 사람이다. 니체는 그를 순전히 수동적인 인간으로 눈먼 자라고 말한다. 가장 높은 등급의 여행자는 여행을 통해 배운 것을 내면화하여 삶에 적용하는 창조자이다.

여행에서 중요한 것은 여행을 통해 자기 자신을 찾는 것이다. 어디론가 떠난다는 것은 과거에 익숙해진 자신과 관련한 전부를 버린다는 것이다. 그 여행의 이유나 목적은 중요하지 않다. 니체는 실제 삶에서도 가족도 친구도 동반자도 없는 여행객으로 모든 면에서 완벽하게 혼자였다. 그는 고독을 피해야 할 대상이 아니라 오히려 고독을 추구해야 할 대상으로 여겼다. 그런데 니체는 왜 고독한 여행이 필요했던 것일까?

길을 걸으며 깨달은 삶

니체는 온전히 혼자 산과 바닷가에서 길을 걸으며 자기 자신과 끊임없이 대화를 나누었다. 책상에 가만히 앉아 사색의 시간을 갖는 것도 좋지만, 산이나 바닷가에서 걷고 뛰고 춤추면서 사색했다. 니체는 "우리는 책 사이에서만, 책을 읽어야만 비로소 사상으로 나아가는 그런 인간들이 아니다"라고 말한다.

프랑스의 철학자 가브리엘 마르셀은 인간을 '호모 비아토르Homo Viator', 즉 여행하는 인간이라고 정의한다. 인간은 삶의 의미를 찾아 길을 떠나는 존재라는 것이다. 니체는 이제 자신에게 남겨진 10년이라는 길지 않은 시간을 위해 호모 비아토르의 삶을 시작했다. 그는 끊임없이 새로운 결별과 새로운 고통을 겪어야만 했다. 하지만 나아갈 방향을 잃어버리고, 지치고 상처입었다 할지라도 계속 걸어가야만 했다.

자신을 억누르던 기존의 관습과 가치의 구속으로부터 벗어날 수 있는 유일한 길은 오로지 고독밖에 없다는 사실을 니체는 깨달았다. 니체의 방랑길은 그의 사상이 태어난 발자취이다. 그는 여름에는 알프스 산맥 고산 지대의 한 마을인 스위스의 질스 마리아에 머물렀다. 그러다 추운 겨울이 오면 기차를 타고 따뜻한 프랑스나 이탈리아의 휴양지로 떠났다. 특히 스위스의 질바플라나의 호숫가는 그가 영원 회귀 사상을 처음으로 생각해 냈던 피라미드 모양의 수를레이 바위가 있는 곳이다.

창조자의 길을 가기 위한 고독의 길

차라투스트라는 창조자가 되기 위한 길을 가려고 한다면, 무리에서 벗어나 고독이 주는 고통을 감당할 만한 권리와 힘이 있는지 보여 달라고 한다. 인간은 자기 자신으로부터 도피하여 이웃 사람들에게로 간다. 그리고 삶의 기준을 타인에게 부여하며 타인 지향적 삶을 추구한다. 왜냐하면 인간은 홀로 있을 때보다 여러 사람과 무리 지어 살 때 더 편안함과 안정감을 느끼기 때문이다. 하지만 차라투스트라는 자기 자신에 이르는 길을 찾기 위해서는 고독 속에 머물러야 한다고 말한다. 내면의 나와 만나기 위해서는 '무리 본능'에서 벗어나 고독한 길을 가야 한다.

니체는 《차라투스트라는 이렇게 말했다》에서 이렇게 묻는다. "형제여, 그대는 고독 속으로 들어서려 하는가? 그대 자신에 이르는 길을 찾으려 하는가?"

차라투스트라는 이렇게 홀로가 된 창조자는 많은 사람에게 시달릴 수 있다고 말한다. 창조자의 길은 고통과 고난의 길이다. 때가 되면 자신이 혼자라는 생각으로 고독에 지치게 된다. 시간이 흐를수록 창조자로서의 긍지와 용기는 사라지고 자신의 비천함을 너무나도 가까이에서 보게 될 것이다. 또한 고독한 자를 죽이려는 감정들로 인해 시련을 당할 수도 있다. 시기와 질투심으로 가득 찬 주변 사람들의 곱지 않은 시선을 받을지도 모른다.

하지만 차라투스트라는 창조자가 마주칠 수 있는 적 가운데 가장 고약한 적은 외부의 누군가가 아니라 오히려 자신이라고 말한다. 창조자가 극복해야 하는 것은 바로 자기 자신이다. 창조자의 길을 가는 사람은 자기 자신을 신뢰하고 사랑해야 한다.

그리고 자기 자신을 사랑하는 자는 자신을 경멸할 줄도 알아야 한다. 또한 새로운 것을 창조하기 위해서는 자기 자신을 파괴하는 파멸의 길을 가야만 한다. 그래서 차라투스트라는 "너는 너 자신의 불길로 너 자신을 태워 버릴 각오를 해야 하리라. 먼저 재가 되지 않고서 어떻게 새롭게 되길 바랄 수 있겠는가!"라고 말한다.

고독한 15분이 주는 강력한 청량감

니체는 자신의 가장 내적인 샘에서 솟아나는 가장 강한 청량제를 마시기 위한 15분의 고독한 시간이 필요했다. 고독은 우리가 온전히 자기 자신에게만 집중하는 시간을 갖는 것을 의미한다. 자기 자신에게 집중하는 시간을 가져야 하는 이유는 바로 자신의 감정과 내밀한 접촉을 위해서이다. 하지만 불행하게도 우리는 자기 내면의 목소리를 들을 수 없다. 그래서 니체는《인간적인 너무나 인간적인Ⅱ》에서 자신과 자연 속에서 가장 깊이 반성하는 15분의 시간을 가지라고 말한다.

"사람들은 수많은 싫증, 우울, 권태의 대가로서—이 모든 것은 친구, 책, 의무, 정열이 없는 고독을 수반하지 않을 수 없는 것이므로—자신과 자연 속에 가장 깊이 반성하는 그 15분의 시간을 얻게 된다. 권태에 대해서 철저히 보루를 쌓는 사람은 자신에 대해서도 보루를 쌓는 사람이다. 그는 자신의 가장 내적인 샘에서 솟아나는 가장 강한 청량제를 결코 마실 수 없을 것이다."

날마다 잠시라도 어수선한 일상에서 벗어나 혼자만의 공간에서 자신과 마주하는 시간을 가져 보라. 내 안의 또 다른 나는 항상 침묵하고 있다. 침묵에 귀를 기울여라! 어느 날 침묵이 나에게 말을 걸어 올 때, 자기 자신의 진정한 목소리를 들을 수 있다. 니체는 이웃을 피하고 가장 멀리 있는 자, 즉 초인을 사랑하라고 말한다. 침묵은 초인으로 살기 위해 필요한 조건이다.

고독을 즐기지 않고서는 결코 내면의 소리를 들을 수 없다. 내 안의 고요함에 귀를 기울여라. 세상의 방해로부터 나를 지키는 혼자만의 의식을 날마다 규칙적으로 행하라. 혼자 있어도 외롭다는 생각이 들지 않는다면, 비로소 고독의 최고의 경지에 도달한 것이다. 고통스러운 삶으로부터 힘든 몸과 마음을 치유하고 자기 자신에게로 돌아오기 위해서는 자유로운 공기가 필요하다. 나무들이 성장해서 울창한 숲을 이루려면 맑은 공기가 필요하듯, 니체가 제시한 새로운 가치를 창조하고 자기 자신을 극복하는 초인이 되려면 고독은 꼭 필요하다.

ℒ

혼자라는 것은 남들과 다르다는 뜻이고,
남들과 다르다는 것은 혼자라는 뜻이다.

03

무엇이 선이고
무엇이 악인지 모른다

· 르상티망 ·

고귀한 인간은 '좋음'이라는 근본 개념을 먼저 자발적으로, 즉 자기 자신에게서 생각해 내고, 거기에서 비로소 '나쁨'이라는 관념을 만들게 된다! 이 고귀한 기원을 지닌 '나쁨'과 끝없는 증오의 도가니에서 나온 저 '악함 böse'을 비교해 보자. 전자가 후에 만들어진 것이며 병렬적으로 나타나는 것이자 일종이 보색補色이라면, 후자는 이에 반해 원형이며 시원이자 노예 도덕이라는 구상에서 나온 본래의 행위이다. 겉으로 보기에 '좋음'이라는 개념에 대치된 '나쁨'과 '악함'이라는 두 개의 단어는 얼마나 다른가?

《도덕의 계보》

도심 한복판에서 최고급 람보르기니 스포츠카를 탄 젊은 사람이 창문을 내리고 음악을 듣는 모습을 보면 당신은 어떤 생각이 드는가?

"난 저런 비싼 스포츠카는 필요 없어. 지금 타고 있는 차로 충분해."

"저 사람은 어떻게 젊은 나이에 저런 비싼 차를 탈 수 있지?"

예전에는 연애, 결혼, 출산 세 가지를 포기한 세대를 '3포 세대', 여기에 내 집 마련과 인간관계까지 포기한 세대를 '5포 세대'라고 불렀다. 이후 꿈과 희망을 추가로 포기한 '7포 세대'에서 더 나아가 건강과 외모까지도 포기한 '9포 세대'에 이르렀다. 결국 아예 여러 가지를 완전히 포기한 세대를 지칭하는 'N포 세대'라는 신조어가 등장했다.

중산층은 사라지고 소득 계층의 양극화가 점점 심해지고 있다. 빈부 격차는 결국 20대와 30대의 청년 문제로 이어질 수밖에 없다. 중년이라는 세대는 끊임없이 바뀐다. 2011년에 '3포 세대'라고 불린 30대가 어느새 40대가 되었다. 많은 사람이 자기 또한 젊은 나이에 외제 차도 타고, 멋진 집도 사고, 세계 여행도 마음껏 할 수 있기를 원한다. 하지만 '금수저'를 입에 물고 태어나지 않는 이상 평범한 직장인에게는 꿈 같은 이야기일 뿐이다. 슬프지만 치솟는 물가와 불안정한 고용 시장 속 생존의 벼랑 끝에 내몰린 우리 세대가 내뱉을 수 있는 말은 결국 '이번

생은 망한 것 같다'이다.

지배하는 자와 지배받는 자의 생각

니체는 《도덕의 계보》 첫 번째 논문 10절에서 도덕에서의 노예 반란은 '르상티망 ressentiment'에서 시작되었다고 말한다. 니체가 제시한 '르상티망'은 약자가 강자에게 품는 원한이나 증오, 복수심 등이 되풀이되면서 쌓인 감정을 뜻한다. 상대적으로 힘이 약한 노예는 힘으로 강자를 이길 수 없기 때문에 자신들의 열등감을 극복하기 위하여 르상티망이라는 감정을 사용했다. 그 결과 니체는 르상티망으로부터 '주인 도덕'과 '노예 도덕'이라는 개념을 만들어 낸다.

니체가 1886년에 출간한 《선악의 저편》의 부제는 "미래 철학의 서곡"이다. 이 책의 제목에서 알 수 있듯이 니체는 전통적 입장인 '선악 이분법'을 넘어 저편에 있는 새로운 미래 철학의 모습을 제시한다. 특히 지금까지 세상을 지배했고, 여전히 지배하고 있는 도덕 유형을 '주인 도덕'과 '노예 도덕'으로 분류한다.

첫 번째 유형인 주인 도덕은 지배자의 도덕을 의미한다. 주인 도덕은 자신이 피지배 종족과 다르다는 데서 기쁨을 느끼는

지배 종족에서 발생했다. 주인 도덕에서는 '좋음'이 무엇인지를 지배자가 스스로 결정한다. 그들이 바로 '고귀한 인간'이다. 고귀한 인간은 자신에게 긍지와 자부심을 느낀다. 니체는 고귀한 인간은 자신과 정반대의 인간을 경멸하지 않을 수 없다고 말한다. 예를 들면 겁쟁이, 불안해하는 인간, 소심한 인간, 한쪽 이익만 생각하는 인간, 자신을 비하하는 인간, 학대를 감수하는 인간, 거지 같은 아첨꾼, 거짓말쟁이 등은 고귀한 인간의 경멸 대상이다.

두 번째 유형인 노예 도덕은 지배받는 자, 즉 노예들 사이에서 발생했다. 예를 들면 학대받는 자, 억압받는 자, 고통 받는 자, 자신에게 확신이 없는 자, 피로에 지친 자들의 도덕이 바로 노예 도덕이다. 그런데 이러한 노예는 주인 도덕을 호의적인 시선으로 보지 않고 증오한다. 이 감정이 바로 르상티망이다. 원한에 찬 노예는 자신에게 공포를 불러일으키는 강자였던 지배자에게 반감을 가진다.

노예는 강자를 부정하다가 결국 '악한 인간'으로 규정하고 이와 대조적인 '선한 인간'을 생각해 낸다. 그리고 그 선한 인간을 바로 자기 자신이라고 생각한다. 결과적으로 노예 도덕에서 '선악 이분론'인 도덕을 만든 것이다. 노예 도덕은 약자는 무조건 '선'이고, 자기보다 강한 지배자는 모두 '악'으로 규정했다.

니체는 노예 도덕에서 외부의 것, 다른 것, 자기 자신이 아닌 것에 대한 부정이야말로 노예 도덕의 창조적 행위라고 말한다. 노예 도덕은 처음부터 가치를 설정하는 기준이 반드시 밖을 향한다. 다시 말해 노예 도덕은 가치를 정립하는 시선을 자신이 아닌 외부에 둔다. 반면에 주인 도덕에서 강자는 먼저 '우리 고귀한 자', '우리 좋은 자', '우리 아름다운 자', '우리 행복한 자' 같은 '좋음'이라는 근본 개념을 자기 자신에게서 찾아낸다. 그 후에 자신의 대립물로서 부정적인 개념인 '저급한', '비속한', '천한' 같은 것을 '나쁨'으로 규정한다. 결과적으로 주인 도덕은 노예 도덕과 달리 가치의 기준을 자기 자신에게 둔다.

강자는 악하고 약자는 선하다는 시선

니체는 인류의 전체 역사에서 주인 도덕과 노예 도덕의 대표적인 대립의 예로 '로마인과 유대인'을 들었다. 유대인은 로마의 지배를 받은 노예 민족이다. 로마인은 고귀하고 귀족적이며 강인했던 반면에 유대인들은 천민이자 성직자 민족이었다. 힘으로는 이길 수 없었던 유대인에게는 자신의 정복자에게 원한이 있었다.

니체는 유대인이 힘이 없는 약자, 가난한 사람, 고통 받는 사람, 궁핍한 사람에 대한 기독교의 사랑과 용서를 도덕적으로 '선'으로 규정하며 노예 반란을 시작했다고 말한다. 마음이 가난한 자만이 천국에 갈 수 있다는 성서에 따라 가난한 유대인은 천국에 들어갈 수 있고, 부유했던 로마인은 결국 지옥으로 떨어진다는 논리를 내세운 것이다. 역사를 보면 기독교가 로마의 국교가 되었으니 유대인의 노예 도덕의 승리로 끝난 셈이다.

그런데 니체가 노예 도덕을 가진 자를 비난하는 이유는 무엇일까? 그것은 우리가 자기 삶의 주인이 되어야만 하는 이유와 관련이 있다. 주인 도덕에서 '좋음'과 '나쁨'의 대립은 '고귀함'과 '비천함'의 대립으로 나타난다. 권력, 위협적인 것, 공포를 느끼게 하는 것, 무시할 수 없는 강력한 힘을 가진 인간은 '좋음'이다. 반면 노예 도덕에서 이러한 인간은 '악'이 된다. 노예적인 사고방식에서는 선한 인간이 되려면 '위험하지 않은 인간'이 되어야 하기 때문이다. 그래서 니체는 노예 도덕은 본질적으로 '유용성의 도덕'이라고 말한다. 노예 도덕에서 동정 같은 감정은 그들에게 생존의 압박을 견디게 해 주는 가장 유용한 수단이기 때문에 '선'으로 규정한다. 반면에 힘과 위험, 강함 등은 그들에게 공포를 불러일으키는 '악'에 포함된다.

결론적으로 주인 도덕에서 '좋음'이 노예 도덕에서는 '악'으로 규정되고, 주인 도덕에서 '나쁨'이 노예 도덕에서는 '선'으로 규정되어 주인 도덕과 노예 도덕의 근본적인 대립이 발생한다. 그래서 니체는 《도덕의 계보》에서 "겉으로 보기에 '좋음'이라는 개념에 대치된 '나쁨'과 '악함'이라는 두 개의 단어는 얼마나 다른가?"라고 말한다.

	강자	약자
주인 도덕	좋음	나쁨
노예 도덕	악	선

주인 도덕과 노예 도덕의 대립

앞서 들었던 사례를 다시 이야기해 보자. 어떤 젊은 사람이 도심 한복판에서 최고급 람보르기니 스포츠카를 타고 달린다. 창문을 내린 채 멋진 음악을 듣고 있다. 니체가 말한 르상티망에 사로잡힌 사람이라면 이렇게 말할 것이다.

"젊은 나이에 저렇게 비싼 외제차를 타는 놈은 분명히 나쁜 짓을 해서 돈을 벌었을 거야."

"부자라고 큰소리치는 놈들은 다 나쁜 놈들이지."

"난 외제 차가 별로야, 저런 차 끌고 다니는 놈들은 역겨워!"

부모와 인맥을 잘 두어서 명문 대학원에 쉽게 진학한 사람, 집 마당에 수영장이 딸린 호화 주택에 사는 자수성가한 사업가, 몸값이 수백억 원에 이르는 운동선수, 최고급 외제 차를 끌고 다니는 재벌 총수의 자녀를 바라보는 우리의 시선은 결코 우호

적이지만은 않다. 자본주의 사회에서 잘나가는 부자들을 바라보면 자신도 모르게 상대적 박탈감과 열등감을 느끼기 마련이다. 왜 우리는 자신도 모르게 타인의 행복을 바라보면서 열등감에 빠지고 분노를 느끼는가?

그 이유는 '강자는 악하고, 약자는 선하다', '부자는 악하고, 가난한 자는 선하다' 같은 노예 도덕이 오늘날에서도 보편화된 현상이기 때문이다. 니체는 '좋음과 나쁨', '선과 악'이라는 대립하는 두 가지 도덕 가치는 역사 속에서 수천 년간 지속되어 온 무서운 싸움이라고 말한다. 노예 도덕에 빠져 있는 사람은 자신의 열등감을 스스로 극복하지 못하고, 단순히 나보다 잘난 사람들을 부정하거나 비난하는 데 그치고 만다. 그렇다면 우리는 르상티망의 원인인 열등감을 어떤 식으로 극복할 수 있겠는가?

생각의 노예에서 생각의 주인으로

니체는《차라투스트라는 이렇게 말했다》에서 이렇게 말한다.

"창조하는 자가 아니라면 그 누구도 무엇이 선이고 무엇이 악인지를 모른다!"

주인 도덕을 만들어 낸 고귀한 인간들이 꿈꾸었던 삶의 모습이 어떠한지 짐작이 가는가? 고귀한 인간은 자신을 가치를 창조하는 자라고 생각하기 때문에 타인을 의식하지 않는다. 또한 타인에게 인정받을 필요가 없기 때문에 자신의 입장에서 모든 것을 평가하고 존중한다. 고귀한 인간은 자기만의 무한한 잠재력과 가능성을 꿈꾸고 주어진 삶을 긍정하는 존재이다.

니체는 주인 도덕에서의 고귀한 인간을 '태생이 좋은 사람'이라고 말한다. 고귀한 인간은 긍정적인 모습의 힘에의 의지를 소유하고 있다. 반면 노예 도덕을 만들어 낸 비천한 인간은 무력한 자, 억압받는 자라고 말한다.

노예 도덕을 만들어 낸 그들에게 행복이란 마취 상태, 마비 상태, 휴식, 평화, 안식일, 정서적 긴장 완화, 안도 같은 것이다. 행복에 대한 그들의 태도는 수동적이다. 노예 도덕에서의 힘에의 의지는 부정적인 모습의 힘에의 의지이다. 결국 힘에의 의지 측면에서 니체는 노예 도덕보다 주인 도덕을 더 긍정적으로 평가할 수밖에 없다. 철학자 질 들뢰즈도 《니체와 철학》에서 힘에의 의지의 적극적 성질과 반응적 성질에 대해 다음과 같이 말한다.

"니체가 우아함, 고귀함, 주인이라고 부르는 것은 때로는 적극적 힘이고 때로는 긍정적 의지이다. 그가 저속함, 비루함, 노예라고 부르는 것은 때로는 반응적 힘이고, 때로는 부정적 의지이다."

초인같이 자부심이 강한 천성을 지닌 사람에게 쉽게 얻은 물건은 경멸의 대상이 된다. 초인은 가치의 기준이 외부가 아니라 자기 자신에게 있다. 주인 도덕에서 삶을 스스로 극복하려는 강한 자, 고귀한 인간, 귀족적 인간은 우리가 추구해야 할 초인과 연결된다. 반면에 노예 도덕에서 약한 자, 비천한 인간, 천민은 니체가 말한 초인과 반대되는 인간 유형인 인간 말종의 모습과 연결된다.

당신은 지금까지 생각의 주인으로 살았는가, 생각의 노예로 살았는가? 지금 당신의 모습은 스스로 행복한 사람이라고 느끼는 능동적인 인간인가, 아니면 원한과 증오의 감정이 곪아 터져 고통을 느끼는 인간인가? 지금 당신은 안전하게 획득할 수 있는 소유물에 만족감을 느끼는가, 아니면 위험을 무릅쓰고서라도 획득하기 어려운 소유물을 바라볼 때 만족감을 느끼는가? 자신의 나약함을 정당화하기 위해 그 원인을 다른 사람의 탓으로만 돌리고 있는가, 아니면 고귀한 인간처럼 행운의 여신의 앞머리 털을 잡기 위해 적절한 때를 기다리고 있는가?

만약 지금 누군가에게 원한을 갖고 있거나 원망하고 있다면 열등감으로 가득한 약한 자가 되었다는 증거이다. 열등감이 없는 사람들은 거의 없다. 문제는 자신의 열등감을 인생의 걸림돌로 보느냐, 아니면 성공의 발판으로 보느냐에 달려 있다. 우리에게는 열등감을 무기력하게 받아들이는 태도는 버리고 정면으로 맞서는 자세가 필요하다. 르상티망을 해결할 수 있는 최선의 삶이란 열등감을 발판 삼아 도약하는 삶이다. 외부의 가치보다 자신의 가치를 추구하는 삶을 살아갈 때 우리는 생각의 노예에서 생각의 주인으로 변할 수 있다.

𝓵

우아하고 고귀하게 사는 것은
곧 의욕적이고 적극적이고 긍정적으로 사는 것이다.

고귀한 인간은 자신을 존중하며 능동적인 삶을 산다.
비천한 인간은 타인과 자신을 비교하며 수동적인 삶을 산다.
당신은 삶의 주인으로 살 텐가, 노예로 살 텐가.

04

나만의 작은
행복 정원을 꾸며라

· 니체의 행복론 ·

인간은 세상의 슬픔 바로 옆에서 그리고 흔히 자신의 화산 지
대 위에 행복이라는 작은 정원들을 건설해 왔다. (…) 그는 도처
에서 모든 행복이 재앙 곁에서 싹텄다는 것을 발견하게 될 것이
다.—그리고 그 땅이 화산 지대였을수록 더 많은 행복이 있었다
는 것도 발견하게 될 것이다.

《인간적인 너무나 인간적인 I 》

그리스 로마 신화에서 '판도라'는 온갖 재앙으로 가득 차 있
는 상자를 연 여인이다. 그래서 이 여인이 연 상자를 '판도라의
상자'라고 부른다. 판도라는 제우스의 명령을 받아 대장장이 신
헤파이스토스가 진흙으로 만든 인류 최초의 여성이다. 제우스

는 전령의 신 헤르메스에게 판도라를 프로메테우스의 동생 에피메테우스에게 선물로 보내라고 명령했다. 에피메테우스는 제우스가 보낸 선물을 절대로 받지 말라는 형 프로메테우스의 충고에도 불구하고 판도라를 아내로 맞이했다. 그런데 에피메테우스의 집에는 절대로 열면 안 되는 '상자' 하나가 있었다. 판도라는 그 상자 안에 무엇이 들어 있는지 무척 궁금했다. 결국 판도라는 그 '행복의 상자'를 호기심을 이기지 못하고 열고 말았다. 그 순간 상자 안에 들어 있던 모든 재앙이 튀어나왔다. 상자 안에는 단 하나의 재앙만이 남았다. 바로 '희망'이었다. 판도라의 상자 안에 남아 있는 희망 덕분에 우리의 삶은 행복한 것일까, 아니면 불행한 것일까?

우리는 행복이 없다면 살 수 없을 것처럼 매일매일 행복을 추구하면서 산다. 언젠가는 행복한 때가 자신에게도 찾아올 것이라는 막연한 희망을 품은 채 살다가 어느 날 갑작스러운 고통을 마주하게 되면 곧 불행에 빠져 버린다. 고통이 단 한 시간만이라도 머물지 않게 할 수 있다면, 모든 불행한 일이 일어나지 않도록 막을 수만 있다면, 이 세상에서 고통과 고뇌를 사라지게 할 수만 있다면 얼마나 좋을까. 이러한 생각이 너무나 행복에만 매달려 살아가는 우리의 마음을 더욱 애타게 만든다.

니체는 인간의 삶이 불행하게 된 원인을 판도라의 상자 안에 남겨진 '희망'에서 찾는다. 니체는 《인간적인 너무나 인간적인

I 》에서 판도라의 상자에 남아 있던 희망에 대해 "희망은 참으로 재앙 중에서도 최악의 재앙이다. 희망은 인간의 괴로움을 연장하기 때문이다"라고 말한다. 니체가 말하는 희망은 이중적 의미를 갖기 때문이다. 희망은 기대감과 괴로움을 동시에 준다. 사실 어떤 불행한 일이 닥쳐와도 희망을 잃지 않는다면 다시 행복한 삶을 이어 갈 수는 있다. 하지만 실현 가능성이 전혀 없는 막연한 희망은 우리의 삶을 좀먹게 할 뿐이다.

그렇다면 우리는 어떻게 해야 행복할 수 있는가? 어떻게 해야 고통과 불행에서 해방될 수 있는가?

두 종류의 행복한 사람

니체는 《즐거운 학문》에서 이 세상에는 두 종류의 행복한 사람이 있다고 말한다. 첫 번째는 젊은 나이에도 감탄할 만큼 삶을 즉흥적으로 연출할 줄 아는 사람이다. 그는 끊임없이 대담한 일을 하지만 결코 실패하지 않는다. 두 번째는 자신이 원하고 계획했던 모든 일에 실패한 사람이다. 그는 성공을 위해 열심히 노력했지만 여러 번의 몰락과 파멸을 경험한 사람이다. 니체는 하는 일마다 실패한 두 번째 유형의 사람을 행복한 사람이라고 말했다. 니체는 우리에게 질문을 던진다.

"그대들은 그래서 그가 불행하다고 생각하는가?"

물론 첫 번째 유형처럼 만지는 일마다 황금으로 변하는 미다스의 손을 가진 사람도 있지만 그런 사람은 극소수에 불과하다. 대부분의 인생은 실패로 인해 더 이상 잃을 것이 없을 정도로 밑바닥까지 내려갈 수 있다. 니체는 두 번째 유형의 사람이 실패로 인해서 불행을 느끼지 않게 된 이유는 이미 오래전부터 자신의 욕망이나 계획을 너무 심각하게 취급하지 않기로 마음먹었기 때문이라고 말한다. 우리는 살면서 예상치 못한 좌절로 인해서 고통을 당할 수 있다. 이러한 불행이 자주 반복된다면 고통에 점점 예민해질 수밖에 없다. 약간의 고통이라도 삶을 망쳐버리기에 충분하다. 그래서 니체는 성공보다는 실패를 했을 때 더 감사할 의무가 있다고 말한다. 왜냐하면 삶을 잃을 만큼 위험한 순간을 겪다 보면, 그런 인생을 통해 많은 것을 배울 수 있기 때문이다.

어릴 때 아버지를 여읜 니체는 외로운 청소년기를 보냈다. 스물다섯 살에 박사 학위도 없이 스위스 명문 바젤대학의 교수가 될 만큼 천재였지만, 다른 천재들과 마찬가지로 니체의 삶도 평범하지는 않았다. 인생의 많은 시간을 질병으로 인해 두통과 구토 같은 육체적 고통을 겪었고, 결국 지병으로 바젤대학 교수직을 사임했다. 이후 한곳에 정착하지 못하고 방랑해야만 했다.

니체는 어릴 적 아버지의 죽음을 본 후 자신도 아버지처럼 병에 걸려 죽을지도 모른다는 두려움에 직면해야 했다. 또한 니체는 진정으로 사랑했던 여인인 루 살로메와 이루어지지 못하고 엄청난 실연의 상처에 시달려야 했다. 그는 추운 겨울에 퇴직한 대학에서 받던 연금이 끝나가 난로를 피울 돈도 없이 글을 써야만 했다.

이렇듯 병으로 자주 반복되는 고통 속에서 그는 어떻게 철학자의 길을 포기하지 않고 자신의 사유가 적힌 수많은 저서와 메모장을 쓸 수 있었을까? 과연 니체는 자신의 삶이 정말 행복했다고 말할 수 있었을까? 니체는 행복과 불행의 관계를 어떻게 바라봤을까?

니체는 《인간적인 너무나 인간적인 I 》에서 행복을 식물의 생장에 비유한다. 인간은 세상의 슬픔 바로 옆에, 그리고 온갖 재앙을 쏟아 내는 화산 지대 위에 행복이라는 작은 정원을 건설해 왔다. 이는 행복이라는 나무는 불행이라는 나무와 함께 자랄 수밖에 없다는 뜻이다.

니체는 《즐거운 학문》에서 행복과 불행의 관계를 함께 커 가는 두 명의 오누이와 쌍둥이에 비유한다. 즉 행복과 불행은 서로 반대말이 아니다. 행복과 불행은 언제나 함께 성장하고 함께 성장을 멈추어 버리는 그런 관계이다. 그러므로 행복을 원한다면 불행이 찾아올 때 오히려 더 감사해야 한다. 만약 불행을 받아들이지 못한다면 원하는 행복은 절대로 오지 않기 때문이다.

평생 행복하게 사는 법

40대는 직장 문제, 내 집 마련, 늘어나는 빚 등 경제적인 문제로 온갖 스트레스를 받는다. 우리 주변을 돌아보면 많은 사람이 현실적인 문제로 의욕을 상실한 채 건강하지 못한 삶을 살아가고 있다. 니체도 고독과 세상의 외면, 질병 등으로 끊임없이 반복되는 고통에 시달렸다. 그럼에도 불구하고 그는 나약해지지 않고 세상과 싸웠으며 필연적으로 다가온 삶을 당당히 긍정했다. 그는 비록 질병으로 몸이 불편했지만 이에 굴복하지 않았다. 니체는 어떻게 그토록 불행한 삶을 행복한 삶으로 전환할 수 있었을까?

운명은 기대하지 말고 우연은 환영하라

우리는 행복한 삶을 살기 위해 미래를 계획한다. 예를 들면 좋은 직장에 취직하기 위해 열심히 공부한다. 좋은 집에 살기 위해 돈을 아껴 쓴다. 좋은 배우자를 만나기 위해 자신을 잘 가꾼다. 이렇듯 우리의 모든 행위는 최종적으로 행복이라는 목적을 달성하기 위한 수단이다. 그래서 고대 그리스 철학자 아리스토텔레스는 행복을 모든 사람이 추구해야 할 궁극의 목적이자 최고의 선으로 보았다.

하지만 우리는 그렇게 노력하는 만큼 목표들이 기대대로 이루어지지 않으면 자신을 불행한 존재라고 생각한다. 여기에 니체는 《인간적인 너무나 인간적인 I 》에서 경험을 그 반대의 것으로, 합목적적인 것을 무목적적인 것으로, 필연적인 것을 임의적인 것으로 전환하라고 말한다. 다시 말해 운명처럼 생각한 일, 꼭 이루고 말겠다던 목표, 기대했던 경험들보다 큰 의미를 두지 않았던 우연한 일들이 오히려 우리를 기쁘게 한다는 것이다. 무의미하고 사소한 것들에서 즐거워하고 웃음이 터질 때 소소한 행복감이 찾아온다.

행복에 이르는 단 하나의 길이란 없다

니체는 행복하려고 하는 사람에게 행복에 이르는 길에 대한 어떠한 지침도 주어서는 안 된다고 한다. 왜냐하면 누구든지 스스로 행복할 수 있는 자신만의 고유한 법칙들을 내면에 소유하고 있기 때문이다. 다른 사람이 주는 '도덕적인' 지침은 오히려 그의 행복을 방해하고 저지하게 될 뿐이라는 것이다.

"최대 다수의 최대 행복"과 "배부른 돼지보다 배고픈 소크라테스가 되어라"라는 말을 들어 본 적이 있을 것이다. 19세기 중반 영국의 대표적 사상가인 벤담은 최대한 많은 사람에게 최대한 높은 쾌락이 주어져야 행복한 사회가 된다는 '최대 다수의 최대 행복'이라는 양적 공리주의 사상을 주장했다. 그는 인간을 언제나 쾌락(행복)을 추구하고, 고통(불행)을 회피하려 하는 존재로 파악했다. 즉 행복과 쾌락, 불행과 고통을 동의어로 이해했다. 따라서 그는 어떤 행위가 인간의 쾌락으로 이어진다면 선하고, 고통으로 이어진다면 악하다고 정의했다. 이처럼 행위의 선악을 판단하는 기준을 '쾌락의 유무'로 정하는 것이 바로 공리주의이다. 그 행위가 선한 행위가 되려면 최대한 많은 사람이 행복을 느껴야 한다.

하지만 벤담의 양적 공리주의는 육체적, 양적 쾌락만을 중시했기 때문에 '돼지를 위한 학설'이라는 비판을 받았다. 왜냐하면 다수가 상대적으로 질이 낮은 쾌락을 선택할 수 있기 때문이다. 그래서 "만족한 돼지보다는 불만족한 인간이 되는 것이 더 낫다. 만족하는 바보보다는 불만족한 소크라테스가 되는 것이 더 낫다"라는 그 유명한 말이 나왔다.

니체는 공리주의에 대해 《선악의 저편》에서 "부수적이고 부차적인 것에 지나지 않는 쾌감과 고통을 기준으로 하여 사물의 가치를 측정하는 사고방식은 피상적이고 순진한 사고방식"이라고 지적한다. 우리는 행복하게 살기 위해서 자기 나름의 이유와 의미를 찾아야만 하고, 삶의 어떠한 방식이라도 받아들일 준비

를 해야 한다. 공리주의처럼 많은 사람에게 단순한 안락이나 쾌
락을 주는 것이 진정한 행복이라고 단정 지을 수 없다. 다시 말
해 행복에 이르는 단 하나의 길이란 있을 수 없다.

행복하고자 한다면 삶에 의욕을 가져라

니체는《인간적인 너무나 인간적인 I 》에서 행복한 시대가 있
을 수 없는 두 가지 이유를 말한다. 하나는 사람들이 그것을 단
순히 원하기만 할 뿐 가지려고 하지는 않기 때문이고, 다른 하
나는 평화로운 날들이 찾아오면 오히려 불안과 비참함을 기원
하기 때문이다. 행복하고자 한다면 행복한 삶에 대한 의욕을 가
져야 한다. 즉 매 순간 행복한 사람의 태도로 행동해야 한다.
나 자신의 행복은 스스로 행복해지려는 의지에 달려 있다. 니체
는《아침놀》에서 다음과 같이 말한다.

"모든 행복의 공통점은 두 가지, 즉 충만한 감정과 그것에 수
반되는 자부심이다."

삶의 모든 것은 끊임없이 변하고, 무엇 하나 확실하지 않다.
우리네 인생은 늘 바라는 대로만 흘러가지 않는다. 언제든지 괴
로운 시간이 닥쳐올 수 있다. 지금 이 순간 행복하다고 마냥 즐
거워할 수도 없다. 마찬가지로 불행한 순간이 계속 이어지고 있
다고 슬퍼할 필요도 없다. 우리의 삶에는 행복과 불행이 꼭 번

같아 찾아오기 때문이다.

영원히 행복할 것 같지만 한순간에 부서지기 쉬운 것이 우리의 삶이다. 역설적으로 영원한 행복이 없다는 사실은 우리가 현재 행복한 이 순간에 더 집중하게 해 준다. 지금 당장 행복해지기 위하여 자신의 내면을 충만함과 자부심으로 가득 채워 보자.

ℓ

행복한 시대는 없지만
언제든 지금 이 순간 행복할 수 있다.

05

죽음을
맞이하는 법을 배워라

· 죽음 ·

"제때에 죽도록 하라."

차라투스트라는 이렇게 가르치노라.

"하긴, 결코 제때에 살지 못하는 자가 어떻게 제때에 죽을 수가

있겠는가? 차라리 그런 자는 태어나지 않았어야 했다!"

나 존재할 가치가 없는 자들에게 이렇게 충고하는 바이다.

《차라투스트라는 이렇게 말했다》

우리는 100세 시대에 살고 있다. 로봇 공학, 인공 지능, 뇌 과
학, 가상 현실 등 과학 기술과 의약품이 급속도로 발전해서 실
제로 120세 시대도 멀지 않았다. 과학 기술을 이용하여 인간의
신체적·정신적 능력을 개선하려는 트랜스 휴머니즘 사상가들은

2050년경에는 인간을 죽음으로 몰고 가는 장애, 고통, 노화 같은 문제들을 해결할 수 있다고 예찬한다. 불멸의 삶을 꿈꾸어 왔던 인간에게 죽음은 더 이상 두려움의 대상이 아니라 기술적인 문제일 뿐이다. 이제 많은 미래학자는 죽음이 희귀한 시대, 즉 '죽음의 죽음의 시대'가 임박했다고 예고한다. 하지만 기술로 생명이 연장되어 아무도 죽지 않는 세상은 아직 오지 않았으며, 또한 생명 연장 기술이 일반인에게까지 상용화되기까지는 많은 시간이 필요하다. 마흔이 되면 노화와 죽음에 대한 걱정과 불안에서 더 이상 자유로울 수 없다.

뭉크와 니체가 바라본 죽음

노르웨이의 대표적인 화가 에드바르트 뭉크가 그린 〈프리드리히 니체〉라는 니체의 유명한 초상화가 있다. 노란빛의 하늘에 붉은빛의 구불거리는 선이 표현된 강렬한 색감, 배경을 대각선으로 분할하는 난간에 서 있는 니체를 보면 뭉크의 대표작 〈절규〉와 분위기가 비슷하다. 〈절규〉는 전 세계적으로 많은 사람에게 잘 알려진 작품 중 하나로 뭉크의 삶에 자리한 근원적인 공포와 불안을 잘 표현했다. 해골 같은 얼굴을 한 사람이 두 손으

로 자신의 귀를 막고 무언가에 놀라 괴로워하며 절규하는 모습
이다. 이 그림에서는 불안감, 공포, 절망 같은 어둡고 부정적인
감정이 느껴진다. 뭉크는 왜 이런 그림을 그렸을까?

뭉크의 작품은 그의 삶과 밀접한 관련이 있다. 뭉크는 어린
시절부터 불안과 공포로 가득 찬 자신의 내면을 작품에 표현했
다. 그가 다섯 살 때 어머니가 폐결핵으로 세상을 떠났고 열네
살 때는 누이 소피에마저 같은 병으로 목숨을 잃었다. 또한 비
슷한 시기에 어린 여동생이 정신병에 걸렸다. 병약했던 뭉크는
어린 나이에 자신도 어머니와 누이처럼 죽을지도 모른다는 공
포에 시달렸다. 사랑하는 어머니와 누이의 죽음의 그림자는 평
생 그를 따라다녔다. 뭉크는 20대에 아버지도 잃었고, 30대에는
남동생마저 죽었다. 그는 가족의 죽음으로 인해 우울증, 공황
장애, 정신 분열 등에 시달렸다. 뭉크는 자신의 내면에 자리 잡
은 불안과 공포, 외로움, 고독, 우울감 같은 부정적인 감정을 그
림에 표현할 수밖에 없었다.

니체 역시 어린 시절부터 아버지의 죽음을 경험했고 평생 질
병에 시달렸으며 심각한 정신병을 앓다가 죽음을 맞이했다. 뭉
크는《즐거운 학문》등 니체의 작품을 읽고 깊은 감명을 받았
으며 니체의 사상에 대해 잘 알고 있었다고 한다. 아마도 뭉크
는 이러한 니체의 사상을 탐독하면서 자신의 삶을 위안했을지
도 모른다. 뭉크가 니체를 실제로 만난 적은 없다. 니체의 여동

생 엘리자베트에게 여러 사진과 자료를 받아서 니체의 초상화를 완성한 것이다. 오늘날 니체가 왼손으로 난간을 잡고 깊은 사색에 잠겨 있는 모습이 담긴 니체의 초상화는 그의 사진보다 더 잘 사용되고 있다.

혈기 왕성한 젊은 날에는 죽음을 자신과 아무 관련이 없는 먼 미래의 일처럼 생각하기 쉽다. 하지만 체력도 약해지고 몸이 여기저기 고장 나기 시작하는 나이가 되면 노화와 죽음이 더는 자신과 무관하게 느껴지지 않는다. 죽음은 모든 사람에게 피할 수 없는 운명이다. 또한 우리는 죽는 날을 당길 수는 있어도 죽는 시기를 미룰 수는 없다. 죽음은 직접 경험할 수 없는 사건이므로 아무도 죽음이 무엇인지 알 수는 없다. 다만 다른 사람의 죽음을 보면서 간접적으로 죽음 이후를 짐작할 뿐이다.

'죽음'이라고 하면 무엇이 떠오르는가? '두려움' 또는 '공포'라는 감정일 것이다. 인간은 본능적으로 죽음에 대한 두려움을 가지고 있다. 인간은 왜 그토록 죽음에 대한 두려움에 사로잡혀 있는 것일까? 아마도 죽음이 인간에게 주는 의미를 알지 못하기 때문일 것이다. 그래서 니체는 우리 모두 죽음을 대단하게 받아들인다고 말한다. 죽음에 대한 두려움 때문에 죽음은 아직도 축제가 되지 못하고 있다는 것이다.

니체는 어린 시절부터 가족의 죽음을 경험했고, 평생 죽음에 대한 공포가 따라다녔다는 점에서 뭉크의 삶과 비슷한 점이 많다. 니체에게 죽음의 의미와 죽음에 대한 두려움은 해결해야 할 우선적인 과제였다. 그렇다면 우리는 죽음에서 어떤 의미를 찾아낼 수 있을까? 그리고 니체의 말처럼 과연 삶의 끝인 죽음을 가장 아름다운 축제의 대상으로 생각할 수 있을까?

존재할 가치가 있는 사람이 되기 위하여

제때에 죽기 위해서는 초인의 삶을 추구해야 한다

니체는 차라투스트라의 입을 빌려 "제때에 죽도록 하라"라고 말한다. 여기에서 제때에 죽는 것이란 자신이 원하는 때에 죽음을 맞이하는 '자유로운 죽음'을 의미한다. 니체는 왜 우리가 원하는 때에 스스로 죽음을 선택하라고 하는 것일까? 니체는 이어서 "결코 제때에 살지 못하는 자가 어떻게 제때에 죽을 수가 있겠는가?"라고 반문한다. 즉 제때에 살아 본 사람만이 제때에 죽을 수 있다는 것이다. 역설적으로 "제때에 죽도록 하라"는 "제때에 살라"는 의미로 해석할 수 있다.

니체는 결코 제때에 살지 못하는 자는 차라리 태어나지 않았어야 했다고 말한다. 니체는 《비극의 탄생》에서 '미다스 왕'과 디오니소스의 어릴 적 스승이자 양부였던 '실레노스'와의 대화를 소개한다. 그리스 신화에서 미다스 왕이 술에 취한 실레노스를 돌봐 준 대가로 디오니소스로부터 손에 닿는 것은 무엇이든 황금으로 변하게 되는 능력을 갖게 된 일화는 유명하다. 미다스 왕은 실레노스에게 인간에게 가장 좋고 훌륭한 것이 무엇인지를 물어보았다. 그러자 실레노스는 왕에게 이렇게 대답했다.

"가련한 하루살이여. 우연의 자식이여, 고통의 자식이여, 왜 하필이면 듣지 않는 것이 그대에게 가장 복될 일을 나에게 말하라고 강요하는가? 최상의 것은 그대가 도저히 성취할 수 없는 것이네. 태어나지 않는 것, 존재하지 않는 것, 무無로 존재하는 것이 바로 그것이네. 그러나 그대에게 차선의 것은 바로 죽는 것이네."

과연 인류 모두가 수명이 연장되어 1,000년을 넘게 살 수 있게 된다면, 그만큼 오랫동안 행복하게 살 수 있을까? 사실 우리는 지금도 길어야 100년도 살지 못하는데, 제대로 살아 보지 못한 채 삶의 의욕도 없이 권태로움에 빠져 있다.

니체는《인간적인 너무나 인간적인 II》에서 몇몇 죽은 자와 이야기하기 위해 '저승 여행'을 다녀왔다고 말한다. 니체는 그곳에서 네 쌍의 사람들, 에피쿠로스와 몽테뉴, 괴테와 스피노자, 플라톤과 루소, 그리고 파스칼과 쇼펜하우어를 만났다. 니체는 그들이 서로 상대방의 옳고 그름에 대해서 논의하는 것을 들어보고 싶었고, 또한 그들로부터 자신의 생각의 옳고 그름도 가르

침받고 싶었다고 말한다. 그런데 저 여덟 명이 죽은 뒤에는 결코 삶에 싫증 나는 일이 없는 것처럼 아주 생기 있어 보인다고 말한다. 오히려 살아 있는 사람들이 창백하고 불쾌하게, 불안하고 탐욕스러운 삶을 바라보는 그림자처럼 보인다고 말한다.

니체의 지적처럼 많은 사람이 제때에 살지 못하고 있다. 제때의 삶이란 바로 '초인'으로서의 삶이다. 자기 자신을 극복하려는 초인이야말로 제때에 살고 제때에 죽을 수 있다. 우리는 무미건조한 현실 안주적 삶을 영원히 살 것인가, 아니면 제때의 삶을 살 것인가 하는 양자택일의 문제에 놓여 있다.

제때에 죽기 위해서 매 순간 '메멘토 모리' 해야 한다

니체는 죽음을 맞이하는 법을 배워야 한다고 말한다. 죽음을 맞이하는 태도에서 삶을 대하는 태도를 배울 수 있다는 것이다. 고대 로마인들은 '죽음을 기억하라'는 뜻의 '메멘토 모리Memento mori'라는 말을 했다. 살아가면서 지금 당장 죽을 것처럼 이 순간을 살아가야만 한다는 것이다. 왜냐하면 죽음을 인식할 때 삶을 제대로 인식할 수 있기 때문이다. 그래서 니체는《인간적인 너무나 인간적인Ⅱ》에서 사는 동안 죽음의 의미를 생각해 보라고 말한다.

"죽음에 대한 확실한 전망을 통해 모든 삶에도 맛있고 향기로운 경쾌함이 한 방울 섞일 수 있다."

삶의 모든 것은 네 손에 달려 있다.

죽음은 삶을 끝내는 것이 아니라 삶을 완성하는 것이다

니체는 "나는 살아 있는 사람들에게 자극이 되고 서약이 되는 삶에 완성을 가져다주는 죽음에 대해 알려 주겠다"라고 말한다. 여기서 '삶을 완성시키는 죽음'이란 앞에서 말한 '제때에 죽는 것'을 의미한다. 삶과 죽음은 동전의 양면과 같은 불가분의 관계이기 때문에 하나가 없다면 다른 하나도 없다. 삶의 끝에 맞이하는 죽음이라는 사건은 삶을 끝내는 어두운 단면이 아니다. 삶을 완성한다. 결국 삶을 완성하는 자유로운 죽음을 선택하려면 초인의 삶을 살아야 한다.

마흔, 삶과 죽음에 대해 다시 한 번 생각해 볼 시기이다. 죽음 앞에서는 모든 사람이 평등하며 순서가 없다. 죽을 때는 어떤 것도 가져갈 수 없다. 누구도 나의 죽음을 대신해 줄 수 없다. 죽음은 오로지 홀로 맞이해야만 하는 두려운 사건이다. 하지만 이제 우리는 죽음이 우리에게 어떤 의미인지 깨달았다. 죽음이란 삶의 파멸이 아니라 삶의 완성이다. 죽음에 대해서 늘 생각하면 삶에서 가장 소중한 것이 무엇인지 깨닫게 된다. 지금 당장 죽을지도 모른다고 생각할 때 지금 자신이 추구하는 것들이 진정한 가치가 있는지 다시 한 번 생각하게 된다. 다시 말해 죽음을 염두에 두고 하루하루를 살다 보면 무모한 삶에 대한 욕망을 떨쳐 낼 수 있다.

죽음을 생각하고 기억한다는 것은 비관적인 태도를 의미하지 않는다. 죽음을 생각하면 자신의 삶을 더욱 긍정적으로 바라보게 한다. 1,000년을 살게 된다고 과연 하루하루를 허비하지 않고 제대로 살 수 있을까? 마흔 이후, 살날이 길어야 50년밖에 남지 않았다는 사실을 기억하고 하루하루를 소중하게 생각하라. 많은 사람이 바쁘게 돌아가는 현실에만 집중할 뿐 자신의 죽음을 제대로 직시하지 못한다. 죽음을 생각하는 것만으로도 인생을 낙관적으로 볼 수 있고, 숨이 붙어 있는 지금 이 순간이 얼마나 감사한 일인지 깨닫게 된다.

ℓ

제때에 살고 제때에 죽어라.

06

이 세계를
있는 그대로 인정하라

· 디오니소스적 긍정 ·

가장 낯설고 가혹한 삶의 문제들과 직면해 있으면서도 삶을 긍
정하는 것, 자신의 무궁무진성에 기쁨을 느끼면서 삶의 최고의
전형을 희생하는 것도 불사하는 생에의 의지.—이것이야말로 내
가 디오니소스적이라고 불렀던 것이며, 비극 시인의 심리학에
이르는 교량으로서 인식한 것이다.

《우상의 황혼》

평생을 경쟁 속에서 살아온 우리는 불확실하고 불투명한 미
래에 대한 두려움으로 늘 불안감과 걱정에 시달린다. 특히 40여
년을 살아온 지금 예전보다 삶에 대한 두려움은 더 가중되고 있
다. 가난과 질병에 대한 두려움, 실패에 대한 두려움, 돈이나 명

예 등을 잃는 것에 대한 두려움, 변화에 대한 두려움, 상실에 대한 두려움, 죽음에 대한 두려움, 혼자 남는 것에 대한 두려움 등 수많은 두려움으로 불안한 나날을 보내고 있다. 하지만 오히려 지나친 불안과 걱정은 몸과 마음을 파괴하며 질병의 원인이 될 수도 있다. 이러한 두려움과 불안감 때문에 우리는 목표를 이루는 데 실패하고 만다. 두려움은 극복의 대상이다. 그렇다면 우리는 두려움과 공포에서 벗어날 수 있을까?

디오니소스적인 삶의 태도란

이탈리아 토리노에 살던 니체는 1889년 1월 3일 카를로 알베르토 광장에서 한 마부가 자신의 말을 심하게 채찍질하는 장면을 보았다. 그 순간 니체는 비명을 지르며 달려가 말의 목을 끌어안은 채 울다가 정신을 잃고 쓰러졌다. 하숙집 주인이 니체를 발견하고는 집으로 옮겼으나 1900년 8월 25일 그가 세상을 떠날 때까지 오랫동안 의식을 회복하지 못했다. 안타깝게도 니체는 10여 년간 정신적 암흑기를 보낸다.

니체는 마지막으로 토리노에서 정신을 잃기 전까지 '어떻게 하면 저 세상이 아닌 이 세상의 삶을 잘 살 수 있는가?'라는 질문을 안고 사색했다. 그는 '신의 죽음'을 선언한 후 도래한 허무주의를 극복하기 위해 초인, 힘에의 의지, 모든 가치의 전도, 아모르파티와 영원 회귀 등 많은 철학 원리를 제시했다. 이제 허무주의를 극복하기 위한 마지막 원리로서 최고의 긍정 양식인 '디오니소스적 긍정'을 살펴볼 차례이다.

니체의 디오니소스적 긍정 철학이 목표로 하는 사람은 '건강한 인간'이다. 니체는 이렇게 자신의 삶을 사랑하지 않을 수 없는 건강한 인간을 철학 목표로 삼았다. 니체 철학은 현대의 병든 인간들을 어떻게 하면 건강하게 만들 수 있을까에 관한 것이다. 니체는 인간을 정신적으로 허약하고 병들게 만든 원인과 건강하게 할 방법을 모색하다가 그리스 디오니소스 신화에서 그 해답을 찾아낸다.

디오니소스는 그리스 신화에 등장하는 포도주의 신이며, 기쁨의 신이자 황홀경의 신이다. 로마 신화에서는 '바쿠스'에 해당한다. 디오니소스는 페르세포네의 아들로 태어났다. 제우스가 뱀의 모습으로 둔갑해 페르세포네에게 접근하여 '디오니소스 자그레우스'를 낳는다. 이 사실을 알게 된 제우스의 아내 헤라는 질투심으로 티탄에게 디오니소스를 죽이라고 명령한다. 티탄은 디오니소스를 일곱 조각으로 갈기갈기 찢어 먹어 버린다. 다행히 아테네 여신이 디오니소스의 심장을 치워 놓았는데, 제우스는 그 심장을 세멜레에게 먹게 하였다. 디오니소스는 다시 세멜레에게서 태어나게 되었다. 그래서 디오니소스는 죽었다가 다시 살아난 부활의 신이자 기쁨과 광란의 신을 의미한다.

니체는 디오니소스 자그레우스 신화가 상징하는 삶과 죽음의 문제를 '디오니소스'라는 자신의 철학적 개념으로 사용한다. 그는 너무나도 풍요롭고 넘쳐흐르기까지 하는 고대 그리스인의 놀라운 본능을 이해하기 위해서 디오니소스라는 이름을 최초로 진지하게 다루었다. 이러한 디오니소스적 상태는 그리스적 본능의 '생에의 의지', 즉 죽음과 변화를 넘어서 있는 영원한 삶에 대한 긍정이 드러난다.

니체는 《우상의 황혼》에서 디오니소스의 의미에 대해 말한다. 생성하고 성장하며 미래를 보증하는 모든 것은 결국 고통을 수반할 수밖에 없다. 하지만 이 고통은 산모의 통증처럼 신성하다. 따라서 건강한 인간은 자신의 고통스러운 운명을 흔쾌히 짊어지고 나아가야만 한다. 이것이 바로 니체가 말하는 창조의 기쁨과 영원한 삶에의 의지를 긍정하는 '디오니소스'의 개념이다.

니체가 '디오니소스적'이라고 부른 개념은 아리스토텔레스뿐만 아니라 특히 염세주의자까지도 오해했던 그리스의 비극적 감정이라는 개념을 이해하는 열쇠가 되었다. 쇼펜하우어는 그리스 비극은 그리스인이 염세주의에 빠져 있음을 보여 주는 증거로 보았다. 그는 비극을 통해 삶의 고통스러운 면을 보여 줌으로써 삶의 의지를 부정하려 했다. 또한 아리스토텔레스는 그리스 비극의 효과는 카타르시스에 있다고 본다. 주인공의 비극적 운명은 두려움과 연민의 감정을 격렬하게 방출함으로써 자신의 감정을 정화하는 것이다.

하지만 니체는 그리스 비극을 그들과 다르게 '디오니소스적인 것'이라는 관점에서 바라보았다. 그리스 비극 속 영웅들의 모습은 단순히 두려움과 연민에서 벗어나거나 정화하기 위한 것이 아니다. 오히려 고통스러운 삶의 문제들을 기쁨을 느끼면서 긍정적으로 보려는 삶에의 의지를 말한다. 이것이 바로 가장 낯설고 가혹한 삶의 문제들과 직면해 있으면서도 삶을 긍정하는 태도인 '디오니소스적인 것'이다.

도달할 수 있는 최고의 삶과 마주하라

니체는 《이 사람을 보라》에서 "존재하는 것에서 빼 버릴 것은 하나도 없으며, 없어도 되는 것은 하나도 없다"라고 말한다. 이 아포리즘은 이 세상에 존재하는 모든 것은 좋든 나쁘든, 아름답든 추하든 모두 긍정의 대상이 된다는 뜻이다. 바로 이것이 니체가 말한 삶의 모든 의문스럽고 낯선 것들 자체에 대한 아무런 유보 없는 긍정의 형식인 '디오니소스적 긍정 Das dionysische

Jasagen'이다.

1888년 초에서 여름 사이에 쓰인 유고에서 니체는 자신이 체험한 실험 철학이었던 디오니소스적 긍정에 대하여 설명한다. 디오니소스적 긍정이란, 지금까지 부정한 삶의 측면들을 필연적인 것으로 파악하는 데에서 멈추지 않고 공제나 예외나 선택함이 없이 세계를 있는 그대로 긍정하는 것이다. 다시 말해 고통, 질병, 사건, 사고 등과 끔찍하고도 의문스러운 일로 가득한 인간의 삶에서 지금까지 부정된 측면도 소망할 정도로 가치가 있다고 이해하는 것이다. 나를 불행하게 만들었던 것들은 오히려 내가 삶을 보다 긍정적으로 살아갈 수 있도록 자극한다. 이처럼 디오니소스적 긍정의 철학은 '최고의 긍정'으로 향하는 새로운 길을 제공한다.

살면서 남긴 수많은 삶의 오점은 우리를 비참하게 만든다. 실패했을 때 후회하고 괴로워하는 것은 당연한 일이다. 하지만 한 번의 실패로 절망감에 빠져 괴로워한다면 남은 인생마저 망쳐버릴 수 있다. 디오니소스적 긍정은 바닥이 보이지 않는 절망의 늪에서 벗어나 다시 자신의 길을 가도록 만든다. 니체가 말하는 행복은 '우리가 어떻게 있는 그대로의 삶을 긍정할 수 있는가'에 달려 있다. 니체는 1888년 유고에서 이렇게 말한다.

"공제나 예외나 선택함이 없이, 세계를 있는 그대로 디오니소스적으로 긍정하기에 이르기를 원한다.─이 철학은 영원한 회

귀를 원한다.―동일한 것, 매듭의 동일한 논리와 비논리를 원한
다. 한 철학자가 도달할 수 있는 최고의 상태, 삶에 디오니소스
적으로 마주 선다는 것―이것에 대한 내 정식은 운명애이다."

니체는 디오니소스적 긍정은 동일한 것의 영원한 회귀와 운
명애 사상과 밀접하게 연결한다. 우리가 삶에 디오니소스적으
로 마주 선다는 것은 삶이 아무리 괴롭더라도 영원 회귀를 부정
하거나 두려워할 이유가 없음을 의미한다. 또한 끔찍하고도 의
문스러운 삶을 살아가고 있다고 할지라도 그런 자신의 운명을
사랑해야만 한다는 것을 뜻한다.

이러한 의미에서 아모르파티와 디오니소스적 긍정은 동전의
양면 관계이다. 자신의 운명을 사랑하려면 지금 당장 고통으로
가득 찬 현재의 삶을 긍정해야만 한다. 디오니소스적 삶에의 의
지는 고통을 피해야 할 대상으로 여기지 않고, 오히려 기쁨으로
생각한다. 자기 자신을 초인으로 긍정할 수 있는 인간, 자신의
힘에의 의지로 삶을 극복하고 창조할 줄 아는 인간, 삶의 모든
순간이 영원히 회귀한다고 해도 기쁘게 받아들이고 긍정할 수
있는 인간, 피할 수 없는 운명을 사랑할 줄 아는 인간, 이런 건
강한 인간이 바로 '디오니소스적 인간'이다. 니체는《선악의 저
편》에서 이렇게 말한다.

"깊은 고통은 사람을 고귀하게 만든다."

누구나 큰 좌절을 겪으면 그로 인한 고통과 괴로움으로 눈앞

이 캄캄해져 주저 앉고 만다. 하지만 우리가 절망에 빠져 아파할 때도 세상은 나와는 상관없이 잘 돌아간다. 그럴 때면 오직 나만 이방인이 된 듯하다. 그렇다면 실패로 인해 삶이 괴롭고 어둡게만 보이는 원인은 바로 순전히 내 안에 있는 것이다.

한 번도 아파 본 적이 없는 사람은 미래에 진정으로 성장할 수 없다. 우리는 고통과 고난 속에서도 삶의 무한한 기쁨과 소망을 가져야 한다. 왜냐하면 고통이 크면 클수록 더 크게 성장할 수 있기 때문이다. 우리를 힘들고 아프게 했던 모든 것이 오히려 더 나은 방향으로 삶을 이끌어 준다. 수많은 좌절과 절망은 삶을 더 아름답게 조각해 준다.

디오니소스적 긍정은 아픔 많은 인생이 더 아름다울 수 있다는 것을 의미한다. 또한 불확실한 미래에 대한 두려움이 결코 나쁜 것만은 아니다. 삶이 주는 두려움과 불안감은 우리를 올바른 해결책을 찾도록 길로 안내하기 때문이다. 두려움을 극복하고 초월하여 도달할 수 있는 최고의 삶과 마주할 수 있는 방법이 바로 '디오니소스적 긍정'이다.

𝓮

우리가 경험한 모든 것이
우리를 고귀한 인간으로 만든다.

참고 문헌

《권력에의 의지》, 프리드리히 니체 지음, 강수남 옮김, 청하
《니체》, 레지날드 J. 홀링데일 지음, 김기복, 이원진 옮김, 북캠퍼스
《니체》, 뤼디거 자프란스키 지음, 오윤희, 육혜원 옮김, 이화북스
《니체》, 정동호 지음, 책세상
《니체: 《차라투스트라는 이렇게 말했다》 해설서》, 정동호 지음, 책세상
《니체》, 클래식 클라우드 2, 이진우 지음, 아르테
《니체 극장》, 고명섭 지음, 김영사
《니체는 이렇게 말했다》, 백승영 지음, 세창출판사
《니체, 디오니소스적 긍정의 철학》, 백승영 지음, 책세상
《니체사전》, 기마에 도시아키 외 엮음, 이신철 옮김, 도서출판b
《니체, 세상을 넘어 나만의 길을 가다》, 최강순 지음, 글라이더
《니체와 철학》, 질 들뢰즈 지음, 이경신 옮김, 민음사
《니체의 건강철학》, 이상범 지음, 집문당
《니체의 삶》, 수 프리도 지음, 박선영 옮김, 비잉
《니체의 인생 강의》, 이진우 지음, 휴머니스트
《니체 전집 1 언어의 기원에 관하여·이러한 맥락에 관한 추정·플라톤의 대화 연구 입문· 플라톤이전의 철학자들·아리스토텔레스 수사학 I·유고(1864년 가을~1868년 봄)》, 김기선 옮김, 책세상
《니체 전집 2 비극의 탄생·반시대적 고찰》, 이진우 옮김, 책세상
《니체 전집 3 유고(1870년~1873년)》, 이진우 옮김, 책세상
《니체 전집 4 유고(1869년 가을~1872년 가을)》, 최상욱 옮김, 책세상
《니체 전집 5 유고(1872년 여름~1874년 말)》, 이상엽 옮김, 책세상
《니체 전집 6 바이로이트의 리하르트 바그너·유고(1875년 초~1876년 봄)》, 최문규 옮김, 책세상
《니체 전집 7 인간적인 너무나 인간적인 I》, 김미기 옮김, 책세상
《니체 전집 8 인간적인 너무나 인간적인 II》, 김미기 옮김, 책세상

《니체 전집 9 유고(1876년~1877/78년 겨울)(1878년 봄~1879년 11월)》, 강용수 옮김, 책세상

《니체 전집 10 아침놀》, 박찬국 옮김, 책세상

《니체 전집 11 유고(1880년 초~1881년 봄)》, 최성환 옮김, 책세상

《니체 전집 12 즐거운 학문·메시나에서의 전원시》, 안성찬 옮김, 책세상

《니체 전집 13 차라투스트라는 이렇게 말했다》, 정동호 옮김, 책세상

《니체 전집 14 선악의 저편·도덕의 계보》, 김정현 옮김, 책세상

《니체 전집 15 바그너의 경우·우상의 황혼·안티크리스트·이 사람을 보라·디오니소스 송가· 니체 대 바그너》, 백승영 옮김, 책세상

《니체 전집 16 유고(1882년 7월~1883/84년 겨울)》, 박찬국 옮김, 책세상

《니체 전집 17 유고(1884년 초~가을)》, 정동호 옮김, 책세상

《니체 전집 18 유고(1884년 가을~1885년 가을)》, 김정현 옮김, 책세상

《니체 전집 19 유고(1885년 7월~1887년 가을)》, 이진우 옮김, 책세상

《니체 전집 20 유고(1887년 가을~1888년 3월)》, 백승영 옮김, 책세상

《니체 전집 21 유고(1888년 초~1889년 1월 초)》, 백승영 옮김, 책세상

《다이너마이트 니체》, 고병권 지음, 천년의상상

《도덕의 계보》, 프리드리히 니체, 박찬국 옮김, 아카넷

《러셀 서양 철학사》, 버트런드 러셀 지음, 서상복 옮김, 을유문화사

《비극의 탄생》, 프리드리히 니체, 박찬국 옮김, 아카넷

《비극의 탄생/즐거운 지식》, 프리드리히 니체, 곽복록 옮김, 동서문화사

《사는 게 힘드냐고 니체가 물었다》, 박찬국 지음, 21세기북스

《사랑할 만한 삶이란 어떤 삶인가》, 이진경 지음, 엑스북스

《서양 철학사》, 군나르 시르베크, 닐스 길리에 지음, 윤형식 옮김, 이학사

《서양 철학사(상)》, 요한네스 힐쉬베르거, 강성위 옮김, 이문출판사

《서양 철학사(하)》, 요한네스 힐쉬베르거, 강성위 옮김, 이문출판사

《서양 철학사의 이해》, 박영식 지음, 철학과현실사

《선악의 저편》, 프리드리히 니체, 박찬국 옮김, 아카넷

《쇼펜하우어 vs 니체》, 이서규 지음, 세창출판사

《쇼펜하우어의 행복론과 인생론》, 아르투르 쇼펜하우어, 홍성광 옮김, 을유문화사

《시지프 신화》, 알베르 카뮈 지음, 김화영 옮김, 민음사

《안티크리스트》, 프리드리히 니체, 박찬국 옮김, 아카넷

《오늘 우리는 왜 니체를 읽는가》, 정동호 외 지음, 책세상

《우리는 왜 끊임없이 곁눈질을 하는가》, 이진경 지음, 엑스북스

《우상의 황혼》, 프리드리히 니체, 박찬국 옮김, 아카넷

《이 사람을 보라》, 프리드리히 니체, 이동용 옮김, 세창출판사

《인간적인 너무나 인간적인》, 프리드리히 니체, 강두식 옮김, 동서문화사

《장자》, 장주 지음, 김갑수 옮김, 글항아리

《즐거운 서양 철학사》, 스털링 램프레히트 지음, 김문수 옮김, 동서문화사

《차라투스트라는 이렇게 말했다》, 프리드리히 니체, 곽복록 옮김, 동서문화사

《차라투스트라는 이렇게 말했다》, 프리드리히 니체, 장희창 옮김, 민음사

《차라투스트라는 이렇게 말했다》, 프리드리히 니체, 홍성광 옮김, 펭귄클래식코리아

《차라투스트라는 이렇게 말했다 메타포로 읽기》, 최상욱 지음, 서광사

《카를 융 기억 꿈 사상》, 카를 구스타프 융, 조성기 옮김, 김영사

《플라톤전집 IV》, 플라톤, 천병희 옮김, 도서출판 숲

《현대인을 위한 서양 철학사》, 양해림 지음, 집문당